Babel und Bibel

——

Arabische Fantasia

in zwei Akten

von

Karl May

Reprint der ersten Buchausgabe Freiburg 1906

Mit einer Nachbemerkung herausgegeben von
Ralf Schönbach

Bibliografische Information der Deutschen Nationalbibliothek: Die Deutsche Nationalbibliothek verzeichnet diese Publikation in der Deutschen Nationalbibliografie; detaillierte bibliografische Daten sind im Internet über http://dnb.dnb.de abrufbar.

Herausgeber: © 2019 Ralf Schönbach, Hennef
(Dies ist nach 2004 die zweite Auflage dieses Reprints.)
Herstellung und Verlag: BoD – Books on Demand, Norderstedt
ISBN: 978-3748157144
Deckelzeichnung: „Abu Kital", Kohlezeichnung, Sascha Schneider 1906

Babel und Bibel

Arabische Fantasia

in zwei Akten

von

Karl May

Freiburg i. Br.

Verlag von Friedrich Ernst Fehsenfeld

1906

Druck der Hoffmannschen Buchdruckerei in Stuttgart.

Gott schrieb die Schöpfung nicht als Trauerspiel;
Ein tragisch Ende kann es nirgends geben.
Zwar jedes Leben ringt nach einem Ziel,
Doch dieses Ziel liegt stets im nächsten Leben.

Zeit:

Die Gegenwart.

∽

Ort:

Am Turm von Babylon.

∽

Perſonen:

Abū Ritāl (Vater des Kampfes), Scheik der An'allāh.
Bēn Teſālah (Sohn des Friedens), Scheik der Kirām.
Babel.
Bibel (Bēnt'ullāh).
Der Ḥākawāti (Märchenerzähler).
Der Kādi.
Der Imām.
Mārah Dūrimēh, die „Menſchheitsſeele“.
Schēfakā (die Morgenröte), Babels Tochter.
Ein ſchwarzer Vorbeter.
Der Scheik der Ḥaïnīn.
Der Scheik der Munāfikīn.
Der Scheik der Ġēr Amīn.
Der Scheik der Bēni Ḥār.
Der Scheik der Schukūk.
Der Scheik der Ūkalā.
Der Scheik der Schuttār.
Der Scheik der Ḥūkamā.

Verſchiedene Krieger und Angehörige der Stämme der Kirām
und An'allāh.

Vorbemerkungen.

～～～

1. Zeit.

Der erste Akt beginnt, wenn das Asr (Nachmittagsgebet) fällig gewesen ist, also zwischen drei und vier Uhr europäischer Zeit, und dauert bis in das Moghreb hinein (Gebet kurz nach Sonnenuntergang). Beim Anfange des Schattenspieles muß es schon so dunkel geworden sein, daß die Szene nur von Schéfaka's Feuer erleuchtet wird. Der Muhammedaner legt den Aufbruch zu großen Reisen und den Eintritt wichtiger Unternehmungen und Ereignisse am Liebsten auf das Asr; darum wird auch hier die Handlung um dieselbe, für ihn glückverheißende Zeit eröffnet.

Der zweite Akt fällt so, daß der Vorbeter den Ūla (Erster Ruf) kurz nach Mitternacht läutet. Von hier an strebt nun Alles dem Sonnenaufgang zu.

―――――――

2. Ort.

Die Handlung vollzieht sich auf dem Platze vor dem baby=
lonischen Turme. In diesem Turme sind die in Mesopotamien
ausgegrabenen Altertümer und Kostbarkeiten aufgestapelt, welche
den berühmten „Schatz der Ān'allāh" bilden, nach dessen Besitz
die andern Völker von jeher gestrebt haben und noch heute streben.
Er wird von den Ān'allāh auf das Schärfste bewacht. Kein Frem=
der darf den Turm betreten. Das Tor des letzteren ist so
groß, daß es mit den beiden flankierenden Kolossalfiguren den
ganzen Hintergrund der Bühne füllt. Seine Gewände sind aus
Steinblöcken zusammengesetzt, deren Oberflächen babylonische
Götterbilder zeigen. Die flankierenden Figuren stellen geflügelte
Löwen mit Menschenköpfen dar, Sinnbilder des Kriegsgottes
Nergal. Die Haar= und Barttracht dieser Köpfe ist die alte
babylonisch=assyrische.

Der Eingang zum Turme ist nicht frei, sondern, um die
Bewachung zu erleichtern, durch ein daran gelegtes, großes Doppel=
zelt verhüllt, welches jeder, der in den Turm will, zu passieren
hat. Dieses Zelt wurde stets von dem jeweiligen Scheik der
Ān'allāh, als dem berufenen Wächter des Turmes, bewohnt.
Als aber der jetzige Scheik um des Glaubens willen sein Weib
und Kind verstieß, litt es ihn nicht mehr an diesem Orte, und

er übergab das Zelt an Babel, der es nun mit seiner Tochter Schefakā bewohnt.

Das Zelt ist aus schwarzem Stoff gefertigt. Es besteht aus der größeren Männer= und aus der kleineren Frauenabteilung. Die Erstere hat einen weißen, die Letztere einen dunklen Vorhang. Der weiße Vorhang ist stets geöffnet und wird nur zum Schatten= spiele niedergeschlagen, weil sich auf ihm die Schatten zu zeigen haben. Hinter dem schwarzen nimmt während dieses Schatten= spieles u. s. w. die „Bibel" Platz, um dann zum Gebete hervor= zutreten. Die Männerabteilung, in welcher Babel wohnt, liegt links, die Frauenabteilung, in welcher Schefakā wohnt, liegt rechts, vom Zuschauer aus gerechnet.

Vor dem Zelte stehen folgende Ausgrabungen: In der Mitte der sechstausend Jahre alte Thron des akkadischen Königs Sar= gāni. Er ist aus Marmor und hat eine so hohe und breite Lehne, daß man den darauf Sitzenden von hinten nicht sehen kann. Dieser Umstand und eine grad am Throne befindliche Versenkung ermöglichen es, daß Abū Kitāl, der Scheik, schein= bar auf diesem Throne sitzen, zu gleicher Zeit als Schatten hinter dem weißen Zeltvorhange sprechen und doch dann sich wieder vom Throne erheben kann. — — — Rechts davon, immer vom Pu= blikum aus gerechnet, steht eine altertümliche Ruhebank zum Sitzen und zum Legen, aus weißem Alabaster von Martū. Um den Sitz weich zu machen, gibt es einen zusammengelegten Teppich, der die Bank aber keineswegs verhüllen darf. — — — Links vom Throne ein niedriger Steintisch mit mehreren Sitzkissen. Das ist der Arbeitsplatz Babels. In der Nähe allerlei altbabylonische Dinge, Gefäße, Figuren u. s. w., die Gegenstände seiner Studien sind. Während des Spieles wird die Beschäftigung mit ihnen von Seiten der Akteurs zum Ausfüllen der Pausen benützt. Auf dem Tische drei Bücher: Die „Biblia des alten Testamentes", der „Menschengeist", ein von Babel verfaßtes Buch, und die „Menschenseele", ein Manuskript, an dem er eben jetzt arbeitet.

Der Raum vor dem Turme bildet den vom eigentlichen Beduinenlager unterschiedenen und von ihm abliegenden Gebetsplatz der An'allāh, auf dem auch die Versammlung der Aeltesten des Volkes, Dschemmāh genannt, abgehalten wird. Der Zutritt ist nicht Jedermann gestattet. Dieser Platz wird von uralten, sonderbar geformten Mauerresten resp. von Palmen und Büschen eingeschlossen. Diese Büsche sind meist Palmenausläufer, Oleander und Kapernsträucher. Staffiert ist diese Oertlichkeit durch allerlei ausgegrabene Merkwürdigkeiten, welche das Gefühl erwecken, daß man sich hier mehr von alten, längst überwundenen, als von neuen Gedanken leiten lasse. Ganz vorn, links, steht am Gemäuer ein Tamariskenstrauch, hinter dem Mārah Dūrimēh dem ersten Teile des ersten Aktes zuhört, ohne von den Mitspielenden bemerkt werden zu können.

In der Nähe der Frauenabteilung brennt zwischen aufgeschichteten alten Ziegelsteinen immerwährend ein Feuer, an welchem Schēfakā den Kaffee kocht. Dieses Feuer bildet, falls nicht Fackeln angezündet werden, des Abends das einzige Beleuchtungsmittel für den Beratungsplatz. Daneben sieht man die runden Servierbleche, auf denen die kleinen Täßchen und Untersetzer nebst Kanne, Mörser und Kaffeemühle stehen. Weiterhin die Wasserpfeifen und einige hohle Elefantenfüße mit Tschibuks für die Gäste.

Weil Babel an diesem Platze wohnt, ist er der Wirt und seine Tochter die Wirtin Aller, die hier als Gäste zu betrachten sind, besonders aber des Scheikes, welcher täglich vom Lager herüberkommt, um seine freien Stunden hier zuzubringen. Babel ist sein Lehrer und Vertrauter und Schēfakā der von ihm verzogene Liebling des ganzen Stammes.

---

3. Perſonen.

Abu Kital (Vater des Kampfes) der Scheik der An'alläh. Un=
gefähr fünfzig Jahre alt, hohe, breite Gestalt. Gewalt=
menſch, aber zur Veredelung veranlagt. Körperlich und geiſtig
vollkräftig und gewandt. Impulſiv. Aufſtrebend, aber in
falſche Richtung geleitet. Hat ſtets die Peitſche in der Hand,
bis ſie ihm von ſeinem Sohne entriſſen und zerbrochen wird.
Sein Auftreten iſt rauh, gegen Schēfakā aber von weichſter Gut=
mütigkeit.   Kopfbedeckung Kefīje und Agāl.

Die Kefīje iſt ein baumwollenes, bei vornehmen Beduinen
aber ſeidenes Kopftuch, blau, rot, ſchwarz einfarbig oder mit
weiß gemuſtert. Iſt ſie aus Seide, ſo iſt die Farbe meiſt gelb.

Der Agāl iſt ein meiſt ſchwarzer Strick aus Ziegenhaaren,
welcher zweimal um den Kopf gewickelt wird, um die Kefīje
feſtzuhalten.

Ben Teſalah (Sohn des Friedens) Scheik der Kirām. Nicht
viel über zwanzig Jahre alt, aber doch ſchon volle Perſön=
lichkeit. Edelmenſch. Sehr ernſt, aber mild. Ebenſo ſelbſt=
bewußt, aber beſcheiden. Seine Kleidung iſt unzulänglich und
ärmlich. Trägt auch Kefīje mit Agāl, aber zerſetzt. Entweder
barfuß oder nur in Baſtſandalen.

Babel.

Vielleicht vierzig Jahre alt. Rundglasige, aber nicht auf=
fallende Brille. Ernst und grüblerisch, aber sehr sympathisch.
Liebt den Scheik. Verzieht ihn. Man merkt ihm, ohne daß
er dies beabsichtigt, immer an, daß er eigentlich ein Fremder
ist, kein An'allāh. Kopfbedeckung ist Fez, darunter ein ganz
leichtes Schattentuch.

Imām.

Alter wie der Scheik. Wohlbeleibt. Glänzt in lauter Würde
und Behaglichkeit. Hält die Hände meist über dem Leib ge=
faltet und in ihnen den muhammedanischen Rosenkranz, der
jede Gestikulation des rechten Armes mitzumachen hat, während
der linke ruhig liegen bleibt. Ist ein guter Redner. Vom
Kādi unzertrennlich. Trägt kurdischen Riesenturban, doch ja
nicht karikierend.

Kādi.

So alt wie der Scheik. Langes und hageres Pendant zum
wohlbeleibten Imām, ohne den er sich nicht wohlbefindet. Ist
auch ganz so wie dieser gekleidet, mit kurdischem Riesenturban,
doch ja nicht karikierend. Ist grämlich, ohne daß er es will.
Möchte gern wohlwollend sein, bringt es aber nicht fertig.

Hakawāti:

Ist über hundert Jahre alt und nicht ungebeugt von diesem
Alter. Geht am Stock. Langer, silberweißer Bart. Trägt
einen gewöhnlichen, aber phantastisch geschlungenen Turban.
Bietet eine Ehrfurcht erweckende Erscheinung. Schefakā nimmt
sich in ganz besonderer, fast andächtiger Weise seiner an und
behütet ihn auf Schritt und Tritt.

Vorbeter.

Wohl dreißig Jahre alt. Ist ein Neger. Trägt auf dem

Kopfe nur den Fez. Hängt mit rührender Liebe am Scheik, obgleich dieser ihn schlecht behandelt.

Schefaka.

Eigentlich noch Kind. Allgemein geliebt, und darum verzogen, doch ohne eine Spur der üblen Eigenschaften verzogener Kinder. Ein vollständig unbeschriebenes, noch unberührtes Blatt.

Bibel (Bēnt'ullāh).

Ohne Angabe des Alters. Ist fast stets verschleiert, und als sie am Schlusse das Gesicht enthüllt, zeigt dieses keine Spur der vergangenen Jahre. Ihre Gestalt sei edel, ihre Stimme tief und voll. Hagerkeit oder Korpulenz sind unbedingt zu vermeiden.

Mārah Dürimēh.

Noch älter als der Hākawāti, aber trotzdem von fast noch jugendlicher Rüstigkeit. Hohe, grad und aufrecht getragene Figur. Höchste Würde, die umso mehr ergreift, als sie im Gegensatz zu diesem Alter der Anmut nicht entbehrt. Edle, leicht gebräunte Gesichtszüge, mit einigen Alterslinien, die aber keine Falten sind. Langes, sehr volles, schneeweißes Haar, welches in zwei starke Zöpfe geflochten ist, die nach vorn geleitet sind und fast die Erde berühren. So lange sie unerkannt zu bleiben hat, versteckt sie dieses Haar unter das Gewand. Sie trägt unter diesem Gewande den in der orientalischen Sage oft erwähnten „Panzer von Krystall", den sie aber vor Beginn des zweiten Aktes nicht anzulegen braucht, weil er erst am Schlusse des Stückes sichtbar zu werden hat. Ihr Anzug sei orientalisch, doch nicht nach irgend einem bekannten Schnitt. Faltenreich, doch ohne daß diese Falten der Schlankheit Eintrag tun. Er soll zwar den Gedanken unterstützen, daß Mārah Dürimēh die „Menschheitsseele" ist, darf aber ja nicht zu phantastisch sein, weil es grad im Wesen der

„Menschheitsseele" liegt, ihre herrlichen Ziele nur auf dem einfachsten, schlichtesten Wege und in der natürlichsten, prunk= losesten Weise zu erreichen.

Die An'allah und die acht Scheike, welche zur nächtlichen Be= ratung kommen, sind in die bekannte Beduinentracht gekleidet, mit Kefīje und Agāl, doch läßt sich durch die Abwechslung in Form, Farbe und Art und Weise das Bild in hohem Grade beleben. Die Kleidung der Kirām und der Leute von der Todeskarawane wird an den betreffenden Stellen besonders angegeben.

----

4. Auſerdem.

Das oft vorkommende Wort Scheik wird in verschiedenen Gegenden verschieden ausgesprochen. Für die vorliegenden Zwecke iſt es am Beſten, „Scheek" zu ſagen und das zweite e wie ein leiſes i klingen zu laſſen.

Der Islām ſchreibt für den Tag fünf Gebete vor und er= laubt dem eifrigen Moslem, des Nachts noch zwei hinzuzufügen. Warum es hier, ſowohl beim Aṣr und Moghreb als auch dann zuletzt beim Ūla, nicht zum eigentlichen Gebete kommt, hat man Abū Kitāl verantworten zu laſſen, doch iſt es notwendig, die Form zu wahren, daß jeder Beter ſich ſeines Gebetsteppichs zu bedienen hat, der allerdings kein wirklicher Teppich zu ſein braucht. Es genügt jeder Schahl, jedes Kopf= oder Gürteltuch, ja jedes Stück Zeug, welches ſo groß iſt, daß man darauf knieen kann. Das Hervorſuchen und Vor=ſich=hinbreiten dieſer Hilfsmittel, ſo= bald die Gebetsbretter geläutet werden, muß mit aller derjenigen Umſtändlichkeit und Feierlichkeit geſchehen, welche der Aufgabe des Stückes entſprechen. Sobald das Gebet vorüber iſt, hat Jeder die knieende Stellung zu verlaſſen und ſeinen „Gebets= teppich" in derſelben Weiſe wieder an ſich zu nehmen.

Das Ūmehā iſt von Allen mitzubeten, allein nur Schēfakā und ſpäter dann auch Bēn Teſālah und Mārah Dūrimeh aus=

genommen. Diese eigentlich von den „heulenden Derwischen" herübergekommene Gebetsform wird sprechgesungen, und zwar unisono nach folgenden Noten:

Al = lah, Al = lah ū = me = ha, Mü=ham=mäd Rha=sūl Al = lah!

Dieser Satz wird unausgesetzt so lange wiederholt, wie es dem Vorbeter beliebt. Bei dem Zeichen ∨ wird Kopf und Ober= körper verneigt, bei ∧ wieder aufgerichtet. Man beginnt lang= sam und würdevoll, steigert aber die Schnelligkeit nach und nach so, daß der Körper mit seinen Verneigungen den Worten nicht mehr folgen kann; das Gebet schnappt dann atemlos ab, um von Neuem langsam zu beginnen.

Die „Fāt'ha" ist die erste Sure des Kurān; sie heißt darum die „Eröffnung" (hebräisch: patthach = er öffnete). Sie steht für die Muhammedaner an der Stelle des christlichen Vater= unsers.

Jedermann ist in irgend einer Weise bewaffnet, die bei der Beratung zuhörenden Krieger sogar mit Säbel, Schild und Spieß. Darum ist es dem Scheike Abū Kitāl möglich, sich von ihnen zu bewaffnen und dasselbe auch für den Scheik der Todeskarawane zu verlangen. Die „Klinge des Kismēt" trägt er gleich von Anfang an in der Gürtelschnur.

Die Akzentuierung der arabischen Ausdrücke ist genau be= zeichnet. Sie ergibt sich außerdem aus der Skandierung des Textes ganz von selbst. Fettgedruckte Wörter sind besonders zu betonen, auch wenn ihre Bedeutung nicht sofort zu erkennen ist.

———

Erſter Akt.

~~~~~~

Situation.

Schon bevor der Vorhang sich hebt, hört man arabische In=
strumente, die wie zu einem Tusch zusammenklingen, und es
ertönen die gebräuchlichen Beifallsrufe wie „Brāwo!" „Aferīm!"
„Afak!" „Māschallāh" und „Tamām!" Dieser Beifall gilt dem
Scheik, der neben dem Throne steht, die eine Hand auf dessen
Lehne gestützt, in der andern Hand die zusammengelegte Kur=
bātsch. Er hat soeben die Dschemmāh eröffnet und ihr mit=
geteilt, daß es sich um einen kühnen Streich gegen die Erzfeinde
der An'allāh handle. Daher der stürmische Beifall.

Wenn der Vorhang aufgeht, sieht man die Aeltesten des
Stammes im Kreise sitzen, auf untergelegten Matten, bequem,
mit eingeschlagenen Beinen. Bei ihnen der Kādi, der Imām und
der alte Hākawāti, der Typus des hochwürdigsten Greisenalters.
Babel sitzt für sich an seinem Tischchen und beschäftigt sich
während seiner Sprechpausen mit ausgegrabenen Altertümern,
über die er sich Notizen macht. Die Anwesenden rauchen fast alle,
und sie trinken auch alle Kaffee. Schefakā hat ununterbrochen zu
tun, die leeren Täßchen wieder zu füllen und neuen Tabak und
glühende Holzkohlen zum Anschmauchen zu reichen.

Außerhalb dieses Kreises stehen, sitzen, liegen und hocken
überall die bevorzugten Krieger, welche der Dschemmāh beiwohnen

dürfen, ohne zu ihr zu gehören. Sie sind mit Säbeln, Schilden und Spießen bewaffnet, einige außerdem noch mit arabischen Flinten und Pistolen, wie es sich selbst in der friedlichsten Zeit bei jeder derartigen Beratung schickt und gehört. Zu ihnen haben sich die Musiker gesellt, mit ihren Instrumenten ausgerüstet, deren Zweck ein außerordentlich lärmender ist. Schéfaká geht natürlich unverschleiert. Sie hat sich fast unausgesetzt zu bewegen und muß dies in so dezenter Weise tun, daß sie die Aufmerksamkeit trotzdem nicht auf sich zieht.

Sobald der Vorhang sich erhoben hat, gibt der Scheik der Versammlung das Zeichen, zu schweigen, doch tritt die Ruhe nicht sofort ein. Während dieser Augenblicke kommt Märah Dürimeh von ganz vorn links und setzt sich unter den Tamarisken=strauch. Man kann sie auf der Bühne nicht sehen, aber die Zuschauer müssen sie bemerken, weil es sich um die Allgegenwart der „Menschheitsseele" handelt. Sie hat sich, um an ihr Vor=handensein zu erinnern, zuweilen zu bewegen, doch ohne die Auf=merksamkeit des Publikums von der Handlung abzulenken. Ob=wohl sie den An'alläh ihre langen, weißen Haarzöpfe jetzt noch zu verbergen hat, muß sie dieselben ein= oder einigemal nach dem Zu=schauerraum hin sehen lassen, damit man ahne, daß sie Märah Dürimeh sei, von der so viel gesprochen wird.

Ist die Ruhe eingetreten, so beginnt der Scheik seine Rede, bei der er, wie überhaupt stets, sehr lebhaft mit der Peitsche gestikuliert. Er spricht dabei von seinem altbabylonischen Throne aus, während jeder Andere, der mehr als nur einige Worte sagen will, gehalten ist, seinen Sitz zu verlassen und sich auf den „Teppich der Rede" zu stellen, damit man ihn besser sehe und höre. Dieser „Teppich der Rede" liegt auf einer erhöhten Stelle, deren Wahl dem Regisseur überlassen bleibt.

Erster Auftritt.

Der Scheik. Babel. Der Imām. Der Kādi. Der Ḥakawāti.
Scheͤfakā. Die Aeltesten der Stämme der An'allāh. Krieger und
Musiker der An'allāh.
Der Scheik fährt, nachdem Ruhe eingetreten ist, in der soeben
begonnenen Ansprache fort.

Scheik:

Ich bin der Scheik der tapfern An'allāh,   1
Bin euer Scheik, bin euer Herr und Vater — — —

Erster Aeltester (ihn unterbrechend):

Ein strenger Herr zuweilen!

Scheik:

                            Meine Pflicht!
Die Zeit ist ernst, und ernst sei auch der Mann,
Wenn er sie zähmen und
                  (klatscht mit der Peitsche)
                            dressieren will!
Es wetterleuchtet um die ganze Erde;
In heilgen Brunnen hat man Blut gefunden,
Und aus der Wüste schrillt um Mitternacht
Das „rote Lachen" des Samūm herüber,
Bei dem sogar dem Löwen, der es hört,   10

11 Die Zähne bis zum Schlunde locker werden.
Von solchen Zeichen läßt man wohl sich warnen,
Zumal beim scharfen Klang der Völkerstimmen — — —

Zweiter Aeltester (ihn unterbrechend):
Der Völkerstimmen?

Dritter Aeltester:
Was sind Völkerstimmen?

Scheik:
Geblitzte Worte, die von Volk zu Volk
Gewitterleuchtend durch die Lüfte zucken.
Ihr kennt sie nicht? Ihr habt sie ja gehört!

Babel (mit scharfer Betonung):
„Amerika nur für Amerika!"

Alle (halblaut, durcheinander):
„Amerika nur für Amerika!"

Imäm (ebenso):
„Der gelbe Osten für die gelbe Rasse!"

Alle (lauter, durcheinander):
„Der gelbe Osten für die gelbe Rasse!"

Kädi (ebenso):
„Europa, wahre deine heilgen Güter!"

Alle (laut, durcheinander):
„Europa, wahre deine heilgen Güter!"

Scheik:
Ich hoffe, diese Proben sind genügend,
Doch wenn ihr wollt, so kann ich sie vermehren.
26 Als ich sie hörte, rief ich ohne Säumen

Das Imamāt der An'allāh zusammen,
Bestehend aus den folgenden Personen:

Imām (steht auf):

Ich, der Imām, ich bin der heilge Glaube.

(setzt sich wieder)

Kādi (steht auf):

Und ich, der Kādi, bin das heilge Recht.

(setzt sich wieder)

Babel (steht auf):

Ich, Babel, bin die heilge Wissenschaft.

(setzt sich wieder)

Hākawāti (steht auf und wird dabei von Schēfakā unterstützt)

Und ich, ich bin der alte Hākawāti,
Die heilge Sage und das heilge Märchen.

(setzt sich mit Hilfe von Schēfakā wieder nieder)

Scheik:

Und ich, der Scheik, ich bin die heilge Macht,
Die ich symbolisch in die Peitsche lege,
Um anzudeuten, was ich will und

(klatscht)

kann!

Schēfakā (nach dem „Teppich der Rede" eilend und von da in wichtigem
Tone herunterſprechend):

Und ich bin Schēfakā — — —

Kādi (in komischem Entsetzen, sie unterbrechend):

Das Schreckenskind!

Schēfakā:

Bin Babels Tochter — — —

Imām (gutmütig feierlich):

Sein Modell zur „Seele"!

Schēfakā:

Darf nicht mit raten und darf nicht mit reden

40 Und rede aber doch, so oft ich will!
Zum Beispiel jetzt ruf ich als eure Seele:
„Das Morgenland nur für das Morgenland!"

(steigt vom „Teppich der Rede" herab)

Imām:

Sie hat gelauscht!

Kadi:

Das tut sie stets!

Schefaka: (legt beteuernd die Hände auf die Brust):

Nicht immer!

Doch dieses Mal gestehe ich es ein.

(den Arm hebend, begeisternd)

„Das Morgenland — — —

Scheik (mit erhobener Stimme einfallend):

Nur für das Morgenland!"

Alle (jubelnd, durcheinander):

„Das Morgenland nur für das Morgenland!"

(man hört die Gebetsbretter hinter der Szene läuten. Die Stimme des Vorbeters erschallt)

Schefaka:

Der Schwarze kommt!

Kadi:

Wir werden unterbrochen!

Scheik:

Das Nachmittaggebet!

Imām:

Wir beten mit!

Scheik:

49 Und fahren dann in unserm Rate fort!

———————

Zweiter Auftritt.

Die Vorigen. Der schwarze Vorbeter. Hinter ihm seine Adjuvanten. Er läutet die Gebetsbretter und singt dazu auf einem und demselben hohen Tone:

Heeehhh alas salāh! Heeehhh alal = felāh! Auf zum Gebete! Auf zum Heile! Heeehhh alas salāh! Heeehhh alal = felāh! Allāh akbar! Allāh hu!

Hierauf kniet er nieder, hinter ihm die Adjuvanten auch. Sie beginnen ihr schreckliches Ūmehā, und alle Anwesenden fallen ein, nur Schēfakā ausgenommen. Als es genugsam wiederholt worden ist, steht der Neger mit seinen Adjuvanten auf. Sie falten alle die Hände, und er spricht: „Laßt uns die heilge Fāt'ha beten!" Hierauf rezitiert er:

„Im Namen des allbarmherzigen Gottes! Lob und Preis sei Gott, dem Weltenherrn, dem Allerbarmer, der da herrschet am Tage des Gerichtes! Dir wollen wir dienen, und zu dir wollen wir flehen, auf daß du uns führest den rechten — — —"

Er kommt nicht weiter, denn der Scheik eilt von seinem Throne herbei, auf ihn zu, knallt ihm die Peitsche vor das Gesicht und ruft zornig:

Scheik:

Was fällt dir ein, du Wurm, du Laus, du Milbe! 50
Wasch dir den Mund mit Seife von Ischnān,
Doch wage niemals, so mit Gott zu sprechen,
Als ob er wenigstens dein Freund und Vetter,
Wohl gar der Onkel deiner Tante sei! 54

55 Du hast nach meinem Formular zu beten,
Kein Wort hinzu und keines davon weg;
Allāh ist Herr, und was ich will,

(klatscht mit der Peitsche)

geschieht!

Ich weiß es wohl: Seitdem in unserm Schlamme
Das Christentum nach Heidengöttern gräbt
Und so ein „Baal" kaum zehn Piaster kostet,
Ist auch Allāh im Preis bei euch gesunken.
Da schreit nun jeder Esel stracks zum Himmel,
Indem er meint, die Allmacht habe sich
In allerhöchster, eigener Person
Direkt um seinen Häcksel zu bekümmern.
Doch aber uns, vom heilgen Imāmāt,
Die wir allein, allein berufen sind,
Die Seligkeit im Volke zu verteilen,
Uns will man plötzlich überflüssig finden!

(zu Allen)

Ich sage euch, Allāh soll wieder steigen,
So hoch, so hoch, daß euch die Lust vergeht,
Nach ihm zu pfeifen, wie es euch beliebt!

(zum Vorbeter)

Ich will das Ūmehā noch einmal hören!

(der Schwarze kniet wieder nieder, seine Adjuvanten mit ihm. Das
Ūmehā wird wiederholt, samt den Verbeugungen. Der Scheik schlägt
mit der zusammengelegten Peitsche den Takt dazu, gibt nach einiger
Zeit das Zeichen, aufzuhören, und fährt dann fort)

Es mag genügen! Merkt euch diese Lehre,
Und betet nach der altbewährten Weise!
Das schnappt und klappt! Das ist so fest gefügt!
Das bricht sich Bahn! Wer kann da widerstehen!
Ein solch Gebet steigt wie in Wehr und Waffen
Zum Himmel auf und muß selbst Gott besiegen!
80 Das ist der alte, eiserne Islām,

Der nicht zu klappern und zu plappern braucht
Wie die,

(zum Vorbeter)

nach denen d u jetzt schnattern wolltest.

Ich selbst, ich bete n u r das Ūmehā
Und weiß, daß ich mit diesem Schlachtenkeil
Zunächst die alte Mārah Dūrimēh,
Sodann mit ihr die Stämme der Kirām

(spuckt aus)

Und endlich gar das Christentum besiege.
Und hörst du mich einmal aus freiem Munde,
Und wärs auch nur die kurze Fāt'ha, beten,
So kannst du tausend Eide darauf schwören,
Daß es mit mir zum raschen Ende geht!

Vorbeter (erschrocken über diese Herausforderung des Schicksales, hebt ab=
wehrend den Arm und weicht zurück):

Daß es mit dir — — —

Scheik (knallt mit der Peitsche):

Hinaus mit euch, hinaus!

Vorbeter (beendet seinen Satz):

Zum raschen Ende geht!

Scheik:

Hinaus, hinaus!

93

(Vorbeter mit Gefolge ab.)

————

Dritter Auftritt.

Die Vorigen, ohne den Vorbeter und sein Gefolge.

Imām (beiseite, zum Scheik):

94   Das war sehr klug, o Scheik!

Kadi (ebenso, einstimmend):

Sehr klug, o Scheik!

Imām:

Höchst einsichtsvoll!

Kadi:

Höchst einsichtsvoll, o Scheik!

Scheik (zu ihnen beiden):

Das rechte Wort zur rechten Zeit, nichts weiter!
(wieder zum Throne zurückkehrend, zu Allen)
Doch warne ich! Als dieser Mensch es wagte,
Im Stehen und aus freiem Mund zu beten,
Da sah ich die Gefahr, die uns bedroht,
In ihrer ganzen, schwarzen Mißgestalt.

Imām:

Ist er denn Christ?

Kadi:

Ein heimlicher?

Scheik:

101   Noch nicht,

Doch ohne meine Peitsche kann ers werden.
Und darum will ich Peitsche sein, Kurbātsch,
(klatscht)
Kurbātsch für Alle und Kurbātsch für Jeden,
Der mit dem Geist des Abendlandes äugelt
Und ihm erlaubt, sich bei uns einzunisten!
Denn dieser Geist ist es, nur dieser Geist,
Der an das große, edle Fürstenwort
„Europa, wahre deine heilgen Güter"
Die niedrige, die frevle Mahnung fügt
„Von Asien aber nimm, so viel du willst!"

Babel:

So sei denn du der Geist des Morgenlandes,
Und sammle deine Scharen gegen ihn!

Imām:

Wer soll es sonst wohl wagen, wenn nicht du!

Kādi:

Du bist Abū Kitāl, des Kampfes Vater!

Scheik (stolz):

Abū Kitāl, der Scheik der An'allāh,
Den niemals je ein Sterblicher besiegte,
Im Schach so wenig wie im Waffenspiel!
Der „Geist des Morgenlandes" soll ich sein?
Es wäre Wahnsinn, wenn ich es nicht wäre!
Doch dieser Geist war stets ein An'allāh
Und kann nicht über Nacht Mongole werden.
Wohlan, wohlan, ich will es nicht nur sein,
Ich bin es schon, ich bin es wirklich, wirklich,
Denn wenn es Geister gibt, so sind sie Menschen,

Und Mensch bin ich auf jeden Fall

(von oben herab lächelnd)

wohl auch!

Babel:

Der größte, den es gibt!

Imām:

Der mächtigste!

Kādi:

Der klügste auch!

Schēfakā (kindlich schwärmerisch):

Des Vaters Ideal!

Scheik:

So sei es denn! Der Kādi hat zu sprechen!

(der Kādi steht auf, um nach dem „Teppich der Rede" zu gehen.
Da aber erhebt der Märchenerzähler Einspruch)

Hākawāti:

Noch nicht, noch nicht! Laßt erst das Märchen reden!

Scheik (zum Hākawāti):

So sprich!

Hākawāti (steht auf):

Ich danke dir — — — ich danke dir!

(Wird, während der Kādi sich wieder setzt, von Schēfakā nach dem
„Teppich der Rede" geführt. Auf Schēfakā gestützt, spricht er von dieser
Stelle aus)

Mit ihrem Geiste kam die Bibel einst — — —

Scheik (ihn unterbrechend):

Das alte Märchen! Immer nur dies Märchen!

Schēfakā (zum Scheik):

So laß ihn doch!

Babel (ihr beistimmend):

126   134

Er hat ein Recht dazu!

Hakawāti (wieder beginnend):

Mit ihrem Geiste kam die Bibel einst
Zum „Menschen der Gewalt" im Lande Babel.
Der nahm sie nur für kurze Jahre auf,
Dann stieß er sie hinaus, doch ihren Geist
Behielt er heimlich hier im Turm zurück
Und ließ dafür den seinen mit ihr gehen.
Seit jenem Tage wird die heilge Schrift
Von diesem Geiste der Gewalt bemeistert;
Der wahre Geist der Bibel aber schmachtet
(auf den Turm zeigend)
Im tiefen Fundamente unsers Turmes,
Und Niemand hat den Mut, ihn zu befreien,
Weil über ihm Kitāl, der Drache, wohnt,
Vor dem sich selbst die größten Helden fürchten.

Scheik:

Kitāl bin ich — — — in seinem Auge ich!

Hakawāti (fortfahrend):

Doch stets am Abende vor großen Tagen
Hört man im Turm die Harfen der Psalmisten — — —

Scheik (einfallend):

Ich hörte sie noch nie!

Schefakā:

Doch aber ich!

Hakawāti (spricht unbeirrt weiter):

Denn vor dem allergrößten dieser Tage
Wird sich die Bibel wieder heimwärts finden,
Geleitet von der Hand der Menschheitsseele — — —

Scheik (schnell):

Doch hoffentlich die echte Menschheitsseele,

156 Und nicht ihr Zerrbild, Mārah Dūrimēh,
Die morgen kommt, mir Trotz und Schach zu bieten!

Hakawāti:

Zu gleicher Zeit erscheint an unserm Turme
Der längst ersehnte, erste Edelmensch,
Um mit der scharfen Klinge des Kismēt
Kitāl, den Kampf, den Drachen, zu besiegen,
Den wahren Geist der Bibel zu befreien
Und ihn auf
         (zum Scheik, auf den Thron deutend)
         diesen deinen Thron zu setzen.

Scheik:

Ein Wahnsinn sondergleichen, dieses Märchen!
Der erste Edelmensch der Weltgeschichte,
Sargāni, Herr und König von Akkād,
Hat vor sechstausend Jahren hier gesessen,
Hier, auf demselben Throne! Man bedenke!
Und der soll noch nicht dagewesen sein!

Hakawāti (ohne auf diesen Einwurf zu achten):

Und dann geht heilger Friede von uns aus,
Von uns, die wir den Kampf zum Herrscher haben.
Denn dieser Kampf muß, ohne daß er will,
Nur aus sich selbst heraus den Frieden zeugen. —
         (macht eine kurze Pause, dann weiter)
Das Märchen sagt, was es zu sagen hat;
Ob ihr es hört, das ist nur eure Sache.
Wollt Ihr den Kampf, so kann ich es nicht ändern,
Doch hier am Turm sei Friede, immer Friede,
Damit, wenn einst die Harfen wieder klingen,
Kein Menschenblut grad an der Stätte fließe,
180 An der der Mensch zum Menschen werden soll.
     (steigt, von Schefakā unterstützt, vom „Teppich der Rede" herab und
wird von ihr bis an seinen Sitz geführt)

Scheik (ironisch):

An der — — — der Mensch — — — zum Menschen werden soll! 181
Zum — — — Edelmenschen?
(stark und drohend)
Etwa zum Kirām?
Denn die Kirām —
(spuckt verächtlich aus)
Allah ver=
(klatscht)
damme sie! —

Bezeichnen sich allein als Edelmenschen,
Hingegen uns als Menschen der Gewalt,
Die noch nicht sind, was sie zu werden haben.
(drohend)
Das, was wir sind, das wird sich morgen zeigen,
Und was wir werden, wissen wir schon heut.
Der Kādi hat zu sprechen — — — ohne Märchen!

(Der Kādi steht wieder auf und geht nach dem „Teppich der Rede")

Kādi:

Ich klage an die Stämme der Kirām,
Die in Afdāla und Amāna hausen
Und darum sich für beßre Menschen halten
Als alle Andern, die auf Erden sind — — —

Scheik:

Die Hunde, die nach uns gebissen haben,
Noch beißen und auch ewig beißen werden!
(spuckt verächtlich aus, alle Andern ebenso, nur Schēfakā, Babel und
den Hakawāti ausgenommen)

Kādi (fortfahrend):

Sie trachten nach dem Turm der An'allāh,
Nach allen Wundern und nach allen Schätzen,
Die er, geheim, in seinem Innern birgt.
Und weil sie sich zu schwach zum Kampfe fühlen — — —   199

❧ 33 ❧

Scheik (fällt, sich brüstend, ein):

200   Kitāl, Kitāl, das Drachenungeheuer!

Kadi (fährt fort):

So haben sie das Abendland gerufen
Und sich mit Mārah Dūrimēh verbündet,
Um uns den Turm zu nehmen und den Raub
Dann unter sich — — —

Scheik (einfallend):

                Wie brüderlich!

Kadi (fortfahrend):

                      zu teilen.

Ihr neuer Scheik, der Bēn Tesālah heißt,
Der „Sohn des Friedens“ — — —

Scheik (einwerfend):

                      Ich, „des Kampfes Vater!“

Kadi (fährt fort):

Hat Krieger aus Europa kommen lassen,
Um seine Beduinen einzuüben;
Kanonen sind bereits schon unterwegs,
Und kommen wir dem Streiche nicht zuvor,
So wird der Krieg wie ein empörtes Meer
Um unsern Turm und unsrer Schätze wogen
Und Alles, Alles, selbst auch uns, verschlingen.

Scheik (grimmig):

Und das darf sich den „Sohn des Friedens“ heißen!
      (spuckt aus, die Andern ebenso, mit Ausnahme der schon Genannten)
Ist noch ein Knabe, zwanzig Jahre alt!
            (spuckt aus, die Andern mit)
Der keinen Vater, keine Mutter hat!
           (abermaliges Ausspucken)
Er wurde schmutzig, wie ein Ungeziefer

218   Im Dorngestrüpp der Wüste aufgefunden,

Ein Wechselbalg, ein Bankert, ein Bastard,
Der morgen auch mit kommt, mir Schach zu bieten!

(nochmals Ausspucken Aller, außer den Drei)

Kadi (fährt fort):

Ich klage an auch Mārah Dūrimēh,
Die Herrin von Kulūb und Mārdistān — —

Scheik (einfallend):

Das alte Geisterweib, die Lügnerin,
Die euer Hohn zur „Menschheitsseele" macht.
Allāh verdamme und vernichte sie!

Hakawāti (von seinem Platze aus, schnell):

Allāh behüte sie, die einzig Wahre,
Die niemals lügt, sie irre denn sich selbst!

Scheik:

Du bist die Sage, und du bist das Märchen.
Was weißt denn du von Mārah Dūrimēh!

Schēfakā:

Verzeih, o Scheik, da muß ich ihm wohl helfen!
Doch grad als S a g e und doch grad als M ä r c h e n
Muß er die Menschheitsseele besser kennen
Als jeder Andre, dich nicht ausgenommen!

Scheik (nachsichtig verweisend):

Du bist ein Kind — — —

Schēfakā (heiter):

                              Jawohl, das Schreckenskind!

Scheik (fortfahrend):

Und hast ja schon als Tochter deines Vaters
Wohl keinen Grund, das Weib in Schutz zu nehmen.
Denn als er einst

(geht zu Babel hin, nimmt das Buch „Der Menschengeist" und
zeigt es)

                    das Buch vom „Geiste" schrieb

Und es ihr dann als Ehrengabe sandte,
Da hat sie es begeifert und verworfen.
Und als sie kürzlich von der „Seele" hörte,
(zeigt das Buch „Die Menschenseele")
Die hier im Manuskripte vor uns liegt,
Da hat sie nur so obenhin gelächelt!

Schefaka:

Das kann sie auch, wenn sich der Vater irrt.
Bedenke doch, er ist ja nur ein Mensch,
Doch aber sie, sie stammt aus Sternenwelten,
Ist viele, viele tausend Jahre alt,
Mit langem, weißem Haar in starken Zöpfen,
Die vorn herab bis fast zur Erde reichen.
Wenn sie zur Ebene herniedersteigt,
Trägt sie den Strahlenpanzer von Kristall   — —

Scheik (einfallend, ironisch):

Und bleibt sie oben, was sie immer tut,
Denn von uns Keiner hat sie je gesehen,
So sitzt sie mit Gespenstern an dem Brette
Und spielt um Menschenseelen Schach mit ihnen.
Sie heißt mit Recht die Hexe des Schatrandsch[1]),
Denn wer Jahrtausende um Seelen spielt,
Der wird in allen Kniffen wohlgeübt
Und kann zuletzt den Teufel überlisten.

Imam:

Auch dich?

Kadi:

Auch dich?

Babel:

_____

Den weltbekannten Meister?

[1]) Schach.

Scheik:

Auch mich? Das ist ja heut die Lebensfrage!
Ich lade sie seit lange jährlich ein,
Zum Turm der An'alläh herabzukommen,
Um den Entscheidungskampf mit mir zu wagen,
Und sie, sie hat es immer abgelehnt — — —

Imām:

Aus Angst natürlich!

Kadi:

Nur aus Angst!

Alle (durcheinander):

Aus Angst!

Scheik:

Doch jetzt, in diesem Jahre, mir zum Staunen,
Ging sie auf meine Ladung ein; sie kommt.
Das hat natürlich einen eignen Grund,
Den ihr erfahren werdet. Kādi, weiter!

Kadi:

Ich klage gegen sie, die Heuchlerin,
Die öffentlich als unser Gast erscheint
Und aber heimlich ihre Truppen sammelt,
Um uns mit Mord und Brand zu überfluten.
Sie hält es mit dem Geist des Abendlandes
Und leistet ihm Gefolge, wo sie kann.
Soeben jetzt, wo er nach alten Göttern
Und neuen Bahnen hier im Lande strebt,
Beschützt sie ihn bei Allem, was er tut.
Ihr alle wißt es, daß sie morgen kommt,
Um gegen uns ein großes Schach zu reiten,
Auf freiem Feld, mit lebenden Figuren
Und Pferden allererster Qualität.

Sie wird mit großem Prunke hier erscheinen,
Und reich an Zahl wird ihr Gefolge sein,
Vor dem ich euch — — —

Scheik (die Peitsche erhebend):

Paßt auf!

Kadi (fortfahrend):

zu warnen habe.

Es kommt mit ihr der Geist des Abendlandes
Mit einer Menge fremder Offiziere,
Die spionieren und vermessen sollen — — — —

Scheik:

Als unsre Gäste! Welche Niedertracht!

Kadi (spricht weiter):

Natürlich sind sie Alle wohl verkleidet
Und Jeder wohlgeübt in seiner Rolle — — — —

Scheik:

Figuren zu dem Schachbrett Nummer Zwei!

Erster Aeltester:

Dem Schachbrett Nummer Zwei?

Zweiter Aeltester:

Dem Schachbrett Nummer Zwei?

Dritter Aeltester:

Dem Schachbrett Nummer Zwei?

Sckeik:

Jawohl!

Kadi:

Jawohl, dem Schachbrett Nummer Zwei!

Scheik (ihnen erklärend):

Das Schach, das wir im freien Felde reiten,295

Das wird uns von dem Gegner vorgeschoben,

Um uns zu täuschen, uns zu überlisten.

Ich spreche da vom Schachbrett Nummer Eins.

Doch, während wir auf dieses eine starren,

Um Mārah Dūrimēh den Preis zu nehmen,

Sitzt hinter uns, ganz heimlich, unbemerkt,

Der Geist des Abendlandes an dem zweiten

Und macht uns māt, bevor wir es nur ahnen

Babel (warnend):

Und macht uns māt!

Imām:

Und macht uns māt!

Kādi:

Und macht uns māt!

Alle (durcheinander):

Und macht uns māt!

Erster Aeltester:

Bevor wir es nur ahnen!

Zweiter Aeltester:

Bevor wir es nur ahnen!

Alle (durcheinander):

Bevor wir es nur ahnen!

Scheik (sich an die Brust schlagend):

Doch aber hier, der Scheik der An'allāh,

Den ihr den Geist des Morgenlandes nennt,

Durchschaut den Plan gleich mit dem ersten Blicke　　　308

ॐ 39 ॐ

Und lächelt über diese grobe List.
(entschlossen)
Ich spiele mit! Ich spiele gegen b e i d e !
Und noch viel mehr: Ich habe schon gezogen.
Ich spiele gegen Mārah Dūrimēh
Nur um der Ehre, um des Namens willen,
Doch gegen ihn, den Geist des Abendlandes,
Geht es um unsern Turm, um unser Reich,
Um unser Land, ja, um die ganze Erde
Und außerdem um unsern heilgen Glauben,
Der mir so herrlich und so köstlich war,
Daß ich für ihn, wie ihr ja alle wißt,
Mein Weib und Kind hinweggeworfen habe — — —
Mein Weib!
(niedergeschlagen)
O Bēnt'ullāh, o Bēnt'ullāh! — — —
(sich zusammenraffend)
Für ihn bin ich noch andrer Opfer fähig.
Man komme nur; man taste mir ihn an!
Man k e n n t ihn n i c h t ; man kennt auch u n s nicht mehr.
Die Zwerge sind so klein, so klein geworden,
Daß sie nicht mehr an Riesen glauben können.
Noch aber lebt Allāh, noch leben w i r ,
Und im Kurān liegt Kraft zu tausend Siegen.
Sprich weiter, Kādi!

Erster Aeltester:
Weiter!

Zweiter Aeltester:
Weiter!

Alle (durcheinander):
Weiter!

Kādi:
Wahrscheinlich ist der Geist des Abendlandes
Mit Mārah Dūrimēh schon in Hilleh,

☙ 40 ☙

Von wo er morgen hier erscheinen wird,
Natürlich nur in irgend einer Maske,
Durch die er aber uns nicht täuschen kann.
Und heute kam ein Bote aus Djebūr
Und brachte uns die sonderbare Kunde,
Daß sich der Scheik der Stämme der Kirām
Von dort zu uns herüberwenden werde,
Um in dem Schach mit Mārah Dūrimēh
Als „König" ihrer Seite mitzureiten.
Er habe sie noch nie, noch nie gesehen
Und freue sich, sie hier bei uns zu finden — — —

Scheik (schnell):

Da habt ihr es ganz offen, das Komplott:
Das Abendland mit seinen Offizieren,
Das alte Weib mit Spähern und Spionen
Und endlich gar der liebe „Sohn des Friedens",
Der heimlich rüstet, uns zu überfallen.
Die haben wir beisammen — — —
        (wiederholt, indem er jedes Wort einzeln betont)
                    hier — — — bei — — — sammen!
Das ist doch mehr als nur ein Fingerzeig.
Die hat Allāh zu uns herbeigetrieben,
Und wir verstehen ihn, wir greifen zu!

Erster Aeltester:

      Wir greifen zu!

Zweiter Aeltester:

        Wir greifen zu!

Dritter Aeltester:

          Wir greifen zu!

Alle (durcheinander, mit Waffengeklirr):

            Wir greifen zu!

Kâdi:

353   So habe ich mein letztes Wort zu sagen,
Indem ich euch an eure Pflicht erinnre,
Das heilge Recht der An'allâh zu schützen.
Ich fordere den Krieg — — —

Ḥâkawâti (sich erhebend):
                  Und ich den Frieden!

Kâdi:
  Und bitte die Dschemmâh, ihn zu beschließen.
Der Scheik befrage des Kismet!
           (kehrt nach seinem Platze zurück)

Scheik:
                Es sei!
    (zieht die krumme Klinge aus der Gürtelschnur, hält sie mit beiden
Händen, die eine am Griff, die andre an der Spitze, hoch über den
Kopf und fährt fort):
So zeige ich nach alter Stammessitte
Nun der Dschemmâh die Schärfe des Kismet
Und frage nach dem Kampf und nach dem Frieden.
Wer will den Frieden?

Ḥâkawâti (die Hand hebend):
                  Ich!
        (sich umschauend, klagend)
              Nur ich allein!

Scheik (zum Ḥâkawâti, indem er die Klinge sinken läßt):
  Dein Friede ist, wie du, ja nur ein Märchen!
           (zur Versammlung)
  Wer aber will den Kampf?

Kâdi (will sich eben setzen, bleibt aber stehen):
364   Wer will den Kampf?

Erster Aeltester (die Hand erhebend):
  Den Kampf!

Zweiter Aeltester (die Hand erhebend):

Den Kampf!

Dritter Aeltester (die Hand erhebend):

Den Kampf!

Imām (die Hand erhebend):

Wir alle!

Alle (die Hände erhebend, mit Waffengeklirr):

Alle! 365

Hakawāti:

So gehe ich!

Schēfakā (ihn stützend):

Und ich, ich gehe mit.

Hakawāti (im Gehen, zu ihr, aber so, daß auch die Andern es hören):

So wirst du Gäste grüßen, meine Gäste.

Scheik (zu ihm):

Du sprichst von Gästen?

Hakawāti (stehen bleibend):

Ja.

Scheik:

Wer ist es wohl?

Hakawāti:

Du weißt es ja. In meinem armen Zelte,
Das fern, entlegen von den andern steht,
Kehrt Niemand ein als nur die Phantasie.

Scheik (schnell und animiert):

Die Phantasie? So ist sie wieder da?

Hakawāti:

Mit einer Schülerin.

Scheik:

Und weiter, weiter? 373

374 Sie meidet uns. Wir kennen sie noch nicht.
Haft du gesagt, daß ich sie sehen will?
Daß ich sie gern zu unserm Spiele brauche?

Hakawāti (zurückhaltend):

Ich sagte ihr, daß Schattenspieler kommen,
Mit ihrer Kunst die Gäste aufzuregen,
Und du zu mir den Wunsch geäußert habest,
Daß sie, die größte aller Künstlerinnen,
Hierbei die Schatten unterstützen möge.

Scheik (dringend):

Und weiter doch! Ist sie bereit dazu?

Hakawāti:

Das weiß ich nicht, doch wird sie hier erscheinen,
Um dich zu sehen und es dir zu sagen.
Ich warne dich!

Scheik:
                    Vor ihr?
Hakawāti:
                              O nein, vor dir!
Die Phantasie ist keine Bettlerin
Und keine Narretei, die man belächelt.
Nur wer Sitāra kennt, das wunderbare
Und hochgelegne Land der Sternenblumen,
Der wird von ihr besucht, kein Anderer.
Bei dir erscheint sie heut nur mir zu Liebe;
392 Drum warne ich. Nimm dich vor dir in Acht!
                (Hakawāti mit Schefaka ab.)

Vierter Auftritt.

Die Vorigen ohne Schēfakā und den Hākawāti.

Scheik (hinter ihnen her):

Der Friede geht. Ich wende mich zum Krieg. 393
Kein Hākawāti soll uns mehr beirren.
              (Zur Versammlung)
Ich traue diesem alten Märchen nicht
Und spreche nun erst jetzt aus freier Seele.
Doch, machen wir es kurz; die Taten warten.

Erster Aeltester:
          Die Taten warten!

Zweiter Aeltester:
             Die Taten warten!

Dritter Aeltester:
                Die Taten warten!

Alle (durcheinander):
                   Die Taten warten!

Scheik:

Ihr habt gehört, daß sich „der Sohn des Friedens"
Als „König" hier im Schach gebärden will,
Der Wechselbalg, der Bankert, der Bastard!
Das Findelkind als „König" gegen mich!
Für solche Schande geb ich auch nur Schande, 403

404 Indem ich Gleiches gegen Gleiches setze.
Es lagert eine Todeskarawane
Im alten Bette von Abū Hasāf,
Wohl vierzig Männer stark, zerlumpt, zerrissen,
Die Schuftigkeit in jedem Angesicht,
Noch schwimmend im Gestank der Perserleichen,
Die sie nach Meschhed Hossëïn gebracht,
Von aller Welt verlassen, ausgestoßen,
Geborne Teufel, jeder Sünde fähig.
Ihr Scheik, zwar noch nicht alt, wie man mir sagt,
Doch ebenso verkommen wie die Andern,
Will hier auf unsrer Seite „König" sein
Und auch die übrigen Figuren alle
Mit seinen Vagabunden für uns stellen.
Das wird getan! Das soll die Antwort sein!

Erster Aeltester:

Das wird getan!

Zweiter Aeltester:

Das wird getan!

Dritter Aeltester:

Das wird getan!

Alle (durcheinander):

Das wird getan!

Erster Aeltester:

Das soll die Antwort sein!

Zweiter Aeltester:

Das soll die Antwort sein!

Alle (durcheinander):

420 Das soll die Antwort sein!

Scheik:

Er kommt noch heute, vor der Dämmerung — — —

Dritter Aeltester (mit der Gebärde des Grauens);

Der Scheik der Todeskarawane!

Alle (ebenso): {

Der Scheik der Todeskarawane!

Scheik (fortfahrend):

Damit ich ihn persönlich kennen lerne
Und mich an seine Gegenwart gewöhne.
Ein Wagehals! Nehmt euch in Acht vor ihm!

Erster Aeltester:

Ein Wagehals!

Alle (durcheinander):

Nehmt euch in Acht vor ihm!

Scheik:

Daß ich die Phantasie für uns gewinne
Und diese Schurken als Figuren stelle,
Das sind die Meisterzüge, die ich tue,
Schon ehe noch das Spiel begonnen hat.
Bedenkt die Lage, welche sich ergibt!
Der Feind entfaltet sicher ein Gepränge,
Wie man noch keines hier gesehen hat,
Und ganz besonders werden die Figuren,
Die auf den edelsten der Pferde glänzen,
Nur ausgewählte, stolze Männer sein,
An deren Ehre wohl kein Makel haftet.
Zu diesen reinen, prächtigen Gestalten
Geselle ich zerlumpte Leichenschlepper,
Die keine Menschen, sondern Bestien sind.

441 Was wird geschehn?
(seinen Säbel zeigend)
Die Klinge wird dann sprechen!
(alle Säbel fliegen aus den Scheiden, und wer da sitzt, springt auf)

Erster Aeltester:
Was wird geschehn?

Zweiter Aeltester:
Was wird geschehn?

Dritter Aeltester:
Was wird geschehn?

Alle (durcheinander, waffenrasselnd):
Was wird geschehn?

Erster Aeltester:
Die Klinge wird dann sprechen!

Zweiter Aeltester:
Die Klinge wird dann sprechen!

Alle:
Die Klinge wird dann sprechen!

Scheik (seinen Säbel schwingend):
Wie diese hier, die schon gesprochen hat
445 Und die ich nun nach altem heilgem Brauch — — —

Fünfter Auftritt.

Die Vorigen.
Der Vorbeter kommt und meldet.

Vorbeter:

Ich melde, daß man bei Abū Redschēb,   446
Sodann am Hügel von Zafīrijāt
Und endlich auch bei Schūmalī im Süden
Gewaltge Reiterei gesehen hat.

Scheik (hoch erfreut):

Allāh sei Lob und Dank! Das sind die Freunde,
Die sich von allen Seiten heimlich nähern,
Um diese ganze Gegend zu besetzen
Und uns mit unsern Gästen zu umzingeln.

(stolz, zuversichtlich)

Die Krieger der verbündeten acht Stämme!
Das wird für unser Spiel ja wohl genügen
Und ist der dritte Meisterzug von mir.
Die Führer dieser Stämme sind geladen,
Sich heut um Mitternacht hier einzustellen —

(erklärend)

Um Mitternacht, damit man sie nicht sieht —

(im vorigen Tone)

Und ihre letzte Unterschrift zu geben.
Sobald sie alle kommen, was ich hoffe,
Sind unsre Feinde unbedingt verloren.   462

╾ 49 ╾

463 Ich lade euch zu dieser Sitzung ein,
Nach heute Abend, grad um Mitternacht.
Die jetzige beende ich, wie folgt:

> (er verläßt seinen Platz, mit dem Säbel in der Hand, um ihn nach
> der altheiligen Gepflogenheit des Stammes bis an den Griff in die
> Erde zu stoßen. Die Anwesenden erheben sich und bilden einen nach
> dem Zuschauerraum offenen Halbkreis, den Scheik in der Mitte.

Scheik:

Ihr habt den Kampf gewählt.   Er sei!

Alle (jubelnd):

Er sei!

Scheik:

So stoße ich die Klinge des Kismēt

(tut es und läßt sie stecken)

Bis an das Heft in diese unsre Erde,
Um die es geht.

Alle Aeltesten:

Um die es geht!

Alle Andern:

Um die es geht!

Scheik:

Verflucht sei der, der sie von hier entfernt,
Bevor der Sieg von uns erfochten ist.
Er sei ein Kind des Todes!

Imām:

Er sei ein Kind des Todes!

Alle (durcheinander):

Er sei ein Kind des Todes!

Scheik:

Und nun erhebe das Kismēt die Stimme,
474 Die Völkerstimme, die aus Babylon

Hinaus in alle Regionen schreit:
„Das Morgenland nur für das Mor — — —"

Kadi (einfallend):

Halt, halt!

„Das Morgenland nur für das Morgenland,"
Das schalle um den ganzen Erdenkreis,
Und jeder Andre mag es wörtlich nehmen,
Doch aber wir, die wir bewandert sind
In den Mysterien vergangner Zeiten,
Wir wissen durch geheime Forschungen,
Daß es viel richtiger zu lauten hat:
„Das Morgenland nur für die An'allāh!

Alle (frohlockend):

„Das Morgenland nur für die An'allāh!"
(die bekannten Interjektionen, Waffengeklirr, schmetternder Tusch
der Instrumente)

Imām:

Und weiter, weiter! Wenn Allāh es will
Und morgen unser erster Schlag gelingt,
So bleiben wir nicht hier im Lande stehen!

Scheik (im stärksten Tone, mit der Peitsche knallend):

„Die ganze Erde für die An'allāh!"

Alle (in höchster Erregung):

„Die ganze Erde für die An'allāh!" 490

(gellender Jubel der Menschenstimmen und der Instrumente. Man
umringt den Scheik, auch Babel, den Imām und den Kadi. Den
schwarzen Vorbeter an der Spitze, bildet sich ein Zug, der sie in die
Mitte nimmt, um sie im Triumph vom Beratungsplatze nach dem Lager
zu schaffen. Es gelingt nur dem Imām und dem Kadi, sich los-
zumachen und hier zu bleiben. Die Uebrigen ziehen unter Musik und
Freudenrufen ab.)

Sechster Auftritt.

Der Imām. Der Kādi.
Musik und Menschenstimmen verklingen nach und nach.

Imām (hinter dem Scheik und dem Zug herdeutend):

491   Triumph, Triumph!

Kādi (stolz):

Für uns!

Imām:

Wie er gehorcht!

Kādi:

So ahnungslos, daß er geleitet wird!

Imām:

Ein Meisterplan von dir!

Kādi:

Von dir!

Imām und **Kādi** (zugleich):

Von Beiden!

Kādi:

Wo scheinbar die Gewalt am Ruder steht,
Lenkt aber doch das heilge Recht!

Imām:

495   Lenkt aber doch der heilge Glaube!

Kadi:

Wir lenkten damals schon — — —!

Imām:

                               Bei Bēnt'ullāh!

Kadi:

Und er gehorchte — — —

Imām:

                    Ganz genau wie heut!

Kadi:

Es war ein Sieg des heilgen Rechtes — — —

Imām:

                  Ein Sieg des heilgen Glaubens,
Daß er die Christin endlich gehen ließ
Und dann das Dokument für richtig hielt,
Mit dem wir ihren Tod bestätigten.
Sie war so schön — — —

Kadi:

           So edel!

Imām:

              Und so rein!

Kadi:

Erst gestern aus der Fremde hergekommen,
War sie schon heut von Allen wie vergöttert — — —

Imām: (rasch und streng einfallend):

Und darum griffen wir schon morgen ein,
Sie wieder fortzubringen.

Kadi:

           Sie wieder fortzubringen.

Imām:

Es war die Pflicht, der wir gehorchen mußten — — —

Kadi:

508 Dem heilgen Rechte — — —

Imām:

Und dem heilgen Glauben.
Denn wer sie sah, der wurde ihr gewogen,
Und was sie tat, das wurde nachgeahmt.
Ich sage dir, wenn sie geblieben wäre,
So würde

(auf den Turm zeigend)

dieser Turm jetzt Kirche sein,
Und unser Land gehörte längst den Christen.
Sie mußte fort, sie mußte fort!

Kadi (zustimmend):

Sie mußte fort!

Imām:

Und doch tut er mir leid!

Kadi:

Mir ebenso!

Imām:

Er liebt sie noch; er kann sie nicht vergessen.
Das hast du vorhin doch wohl auch gehört,
Als er von ihr und seinem Kinde sprach.
Wie nun — — —

(sich vorsichtig umsehend)

wenn sie jetzt plötzlich hier erschiene?!

Kadi (erschrocken zurückweichend):

Ich bitte dich! Zitiere nicht Gespenster!

Imām (betroffen):

Gespenster? Höre, meide dieses Wort?
522 Nicht mir ist es gefährlich, aber dir!
Du fürchtest dich!

Kadi (herausplatzend):

    Jawohl, ich fürchte mich! 523

Imām (streng, im Tone einer geistlichen Gewissensfrage)

    Vor ihr allein? Nicht auch vor ihrem Glauben?

Kadi (wie Einer, der durchschaut worden ist):

    Vor ihnen Beiden, auch vor ihrem Glauben,
    Denn wenn geschähe, was du eben sagtest,
    Daß sie sich wieder her zum Turme fände,
    Wie in der Mär des alten Ḥākawāti,
    So wären wir verloren, du und ich,
    Und ebenso der heilige Islām
    Mit unserm herrlich angelegten Plan — — — 531

—————

Siebenter Auftritt.

Der Imām. Der Kādi. Der Scheik kehrt zurück. Er hat die letzten Worte gehört.

Scheik (dem Kādi in die Rede fallend):

532 Ihr sprecht von unserm Plan. Er wird gelingen.
Das ganze Lager steht in Jubelflammen.
Man wollte uns durch alle Gassen schleppen,
Doch habe ich mich glücklich losgerissen,
Um der verdienten Ruhe hier zu pflegen.
Ich bitte euch, mich drüben zu vertreten.
(sie wollen fort)

Doch halt!
(zum Imām)
Wann kommen unsre Schattenspieler?

Imām:

Noch vor der Dunkelheit; so sagten sie.

Scheik (zum Kādi):

Und wann der Scheik der Todeskarawane?

Kādi:

Zur selben Zeit. Du hast vor ihm gewarnt.
Nun warne ich auch dich!

Scheik:
Warum auch mich?
542

Kadi:

Er ist so still; er hat es innerlich. 543
Sein Auge ist mir unbequem, sein Auge.
Es liegt Etwas darin, wie eine Schuld,
Doch nicht etwa, die er begangen hat,
Nein, sondern der, der eben vor ihm steht.

Scheik:

Und der warst du! Was hast du denn begangen?

Kadi:

Begangen? Ich? Ich kenne ihn ja nicht.
Es war zum erstenmal, daß ich ihn sah.
Auch du hast ihn gewiß noch nie gesehen,
Doch wette ich, du fühlst genau wie ich,
Sobald du mit ihm redest.

Scheik (ironisch):

Māschallāh! 553

Achter Auftritt.

Die Vorigen. Babel und Schēfakā kommen.

Babel (zum Scheik):

554 Ich sah, daß du entflohst, und folgte dir.
Da traf ich Schēfakā — — —

Scheik:

Sie kommt mir recht.
(zu Schēfakā)
Du hast die Phantasie gesehen?

Schēfakā:

Nein.
Nur ihre Schülerin war jetzt daheim.

Imām (neugierig herantretend):

Wie sah die aus?

Kādi (ebenso):

Jawohl, wie sah die aus?

Schēfakā:

So lieb und mild wie Gnade, ja, wie Gnade.
Im Freien muß sie stets verschleiert gehen.
561 Sie kommt mit ihrer Herrin dann hierher.

Scheik (schnell):

Sie kommt also?

Schĕfakā:

Sie kommt.

Scheïk:

Und wann?

Schĕfakā:

Vor Abend. 562

Sie hat mir auf mein Bitten zugesagt,
Daß sich die Phantasie bemühen werde,
Das Schattenspiel nach deinem Wunsch zu leiten.

Scheïk:

Allāh sei Dank!

Imām:

Allāh sei Dank!

Kādi:

Allāh sei Dank!

Imām:

Der Streich gelingt!

Scheïk:

Die Phantasie ist mein!

Imām:

Ich kann befriedigt gehen!

Kādi:

Ich kann befriedigt gehen! 568

(Imām und Kādi ab)

—————

Neunter Auftritt.

Der Scheik. Babel. Schēfakā.

Scheik (ihnen nachschauend):

569 Da gehn sie hin, die Geister des Kurān!
Wie gern sie doch regieren, diese beiden!
So heimlich! Ohne daß man es bemerkt!
Man kann sie nur auf scharfer Trense reiten.
Im Uebrigen läßt man sie sich gefallen!

Schēfakā (hat ein Kissen aus dem Zelte geholt, legt es auf den steinernen Thron. Zum Scheik):

Komm, setze dich, du Geist des Morgenlandes!

(während er es tut)

Ob du wohl weißt, wie gern auch du regierst!
Ganz öffentlich! Daß Jeder es bemerkt!
Man muß oft große Nachsicht mit dir haben.
Im Uebrigen gefällst du mir sehr gut!

(holt ihm einen Tschibuk, bringt Tabak, gibt Feuer, auch ihrem Vater, der seinen Platz wieder eingenommen hat und in den Büchern blättert)

Scheik (sich behaglich dehnend):

Wie wohl ist mir!

(gibt ihr die Peitsche, die sie zur Seite legt)

Da, nimm die Peitsche hin!

Ich will mich pflegen. Fort mit dem Regieren,
581 Wär es auch nur um deinetwillen, Kind,

Damit ich dich einmal zufrieden stelle!
(zu Babel)
Was tun wir heut?

Babel:
Wir kleiden unsre Seele.

Schĕfakā (faltet die Hände und senkt sie tief herab, drolliger Augenaufschlag):
„Was tun wir heut?"   „Wir kleiden unsre Seele!"
Wie groß das klingt, wie überirdisch groß!
(erklärend)
Der Schöpfer hat ein dickes Buch geschrieben,
Das hochberühmte Buch vom „Menschengeiste",
Zu dem der Scheik Modell gewesen ist.
Und nun das Buch gebunden vor uns liegt,
Sitzt er, der Schöpfer,
(auf ihren Vater deutend)
unten an der Erde
Und seine Kreatur, der „Menschengeist",
(auf den Scheik deutend)
Dagegen auf dem allerhöchsten Platze!

Scheik (komisch):
Das Schreckenskind!

Babel (wichtig):
O nein!   Modell zur „Seele!"

Schĕfakā (fortfahrend):
Der Schöpfer schreibt an einem zweiten Werke,
Am Manuskripte von der Menschenseele,
Zu der nun ich Modell zu stehen habe.
Ich glaube, wenn er es vollendet hat,
Ist er ganz in die Erde weggeschwunden,
Doch aber ich, nur seine Kreatur,
Bin in den höchsten Himmel aufgestiegen.

Babel (mit Würde):

601   Das Hohe sinkt, sobald das Niedre steigt;
       Das ist Gesetz und wird es ewig bleiben.

Schefaka (kindlich):

    Wenn du zu fallen hast, sobald ich steige,
    So bleib ich unten, denn ich liebe dich.
    Wenn ich mich heut als „Seele" schmücken soll,
    Geschieht es nur für d i c h und nicht für m i c h.
    Denn dieser Schmuck, den du mir anbefiehlst,
    Ist viel zu schwer und viel zu reich für mich.

Scheik:

    Fast ebenso kam mir der meine vor,
    Als ich als „Geist" vor meinem Spiegel stand,
    Doch heute weiß ich, daß es richtig war.

                (sich erinnernd, mit Stolz)

    Dein Vater kleidete mich

                  (deutet nach dem Turme)

                        aus dem Schatz

    In königliche Marakanda=Seide.
    Im Gürtel von geweihter Schlangenhaut
    Erglänzte mir die scharfe Suri=Klinge.
    Im Haar trug ich den Reif von Eridu,
    Und von der Schulter floß in schweren Falten
    Der goldgewebte Mantel von Elissa.

              (steht auf, mit königlicher Gebärde)

    So saß ich als der erste „Menschengeist"

              (auf seinen Thron deutend)

    Hier auf dem ersten Thron der Weltgeschichte — — —

        (tut einige gravitätische Schritte und fährt dabei fort)

    Ging auch zuweilen stattlich hin und her

622   Und übte mich in wirkungsvollen Blicken — — —

Schefaka (munter):

Ich weiß, ich weiß. Das tut der Geist ja immer! 623

Scheik (scherzend):

Die Seele aber nicht?

Schefaka:

Es fällt ihr schwer.

Scheik:

Wenn ich ihr helfen dürfte?

Schefaka:

Dann vielleicht!

Scheik:

So geh, und schmücke dich!

Schefaka (zu ihrem Vater):

Soll ich es tun?

Babel (auch scherzend):

Der Geist befiehlt!

Schefaka:

So füge ich mich ihm! 627
(verschwindet in der Frauenabteilung des Zeltes)

Zehnter Auftritt.

Scheik. Babel.

Babel:

628 Sie steigt hinab.

Scheik:

Hinunter in den Turm?

Babel:

Bis in den Drachensaal, sich anzukleiden.

Scheik (aufhorchend)

Bis in den Drachensaal? Wo er noch steht,
Kitāl, Kitāl, das blutge Ungeheuer!
Wir Knaben stiegen oft zu ihm hinunter
Und starrten ihn mit stillem Grauen an.
Die Sage ging, daß er von Zeit zu Zeit
Sich aus dem Steine in das Fleisch verwandle
Und dann herauf ans Licht des Tages steige,
Um Tausende von Menschen zu verschlingen.
Wir wagten darum nicht, ihn anzurühren,
Weil wir befürchteten, er wache auf.
Doch später dann, wenn Bēnt'ullāh und ich
Im Drachensaal die heilgen Bücher lasen,
Da gab es einen kleinen, kühnen Mann,
643 Der fürchtete sich vor dem Drachen nicht

Und kletterte ihm auf dem Leib herum, 644
Bis hoch hinauf zum aufgeriſſnen Maule,
An deſſen Zähnen er das Zählen lernte — — —
(klagend)
Mein Kind — — —! Mein kleines Söhnchen — — —!
Bēnt'ullāh — — —! 647

Babel (ihn aufmerkſam machend):

Der Schwarze kommt!

Elfter Auftritt.

Der Scheik. Babel.
Der Neger kommt mit einer Meldung.

Scheik (zu dem Schwarzen):

648   Was hast du zu verkünden?

Vorbeter:

Soeben wird aus Kārtijāt berichtet,
Man habe fremde Krieger dort gesehen.

Babel (freudig):

Das sind die Haïnīn, die wir erwarten!

Scheik (zu dem Schwarzen):

652   Berichte das im Lager drüben! Schnell!

(Vorbeter ab.)

Zwölfter Auftritt.

Der Scheik. Babel.

Scheik:
Schon also vier von den Verbündeten! 653

Babel (aufzählend):
Die Gēr Amīn — — —

Scheik:
Und die Munāfikīn — — —

Babel:
Die Bēni Hār — — —

Scheik:
Und jetzt die Hāïnīn.

Babel:
Nun noch die andern Vier!

Scheik:
Die kommen sicher!

Babel (mit einiger Besorgniß):
Wenn aber nicht?

Scheik:
So wäre es bedenklich,
Denn grad die jetzt noch fehlen, sind mir wert. 658

Babel (wieder aufzählend):
Die Hūkamā — — —

Scheik:

              Sodann die Ūkalā — — —

Babel:

Die Krieger der Schukūk — — —

Scheik:

              Und der Schuttār.
Grad diese Vier sind treu und zuverläßlich.
Ich fürchte nicht, daß auch nur Einer fehlt.
Wir sind dann völlig lückenlos umzingelt,
Und keiner von den Gästen kann entkommen.

Babel (vorsichtig):

Und wenn es aber nicht gelingen sollte — — —?

Scheik:

So wird die Schuld auf unsre Freunde fallen
Und nicht auf uns. Wir sind ja mit umzingelt.
Du siehst, ich spiele Schach.

Babel:

              Sogar mit mir!

Scheik:

Verzeih, wenn ich dir nicht so Alles sage,
Wie ich es einem Andern sagen würde,
Der mir nicht heilig und nicht teuer ist!
Du bist kein Ān'allāh, bist zart besaitet
Und hast — — —

Babel (ihn unterbrechend):

          Doch Mut genug, mit euch zu kämpfen! — — —
Ich kam zu dir als armer, fremder Mann.
Du nahmst mich auf und wurdest mein Beschützer.
Du schenktest mir sogar
          (auf das Zelt deutend)

            dein eignes Zelt — — —

Scheik (einfallend):

Als Bênt'ullâh von mir gegangen war,
Konnt ich es nicht ertragen, hier zu wohnen.

Babel (fährt fort):

Und was ich bin, bin ich durch deine Güte!

Scheik:

Durch deinen Fleiß und deine Ehrlichkeit!

Babel:

Und nun mein Dank — — —?

Scheik:

        Sei still; ich bitte dich!

Babel (steht von seinem Platze auf):

Wenn Schêfakâ zuweilen zu dir sagt,
Du seist mein Ideal, so hat sie Recht.
Die Wissenschaft vergöttert sich den Menschen,
Damit sie sagen kann, sie diene Gott.
Ich habe dich zu mir emporgezogen.
Ich leite dich noch über mich hinaus.
Dort oben aber suche selbst nach Halt,
Denn ich bin dort ein Fremder, wie einst hier,
Und kann nur bitten, mich dir nachzuziehen.
Verstehst du mich?

Scheik:

        Ich hoffe es, mein Freund.

Babel:

So laß mich immer zart besaitet sein,
Doch glaube mir, ich wage mehr für dich,
Als je ein Andrer für dich wagen könnte,
Denn, wenn ich mich in dir, dem Menschen täusche,
So habe ich mich auch im „Geist" getäuscht,

697 Muß mich auch ferner in der „Seele" täuschen,
Und alle, alle meine Wissenschaft
Bricht, mich zerschmetternd, über mir zusammen.

Scheik (ist auch aufgestanden, sehr ernst):

Sei still, und sei getrost; ich täusche nicht!
Das schwöre ich — — — das schwöre ich — — —
(zögert, sucht in sich)

Babel:

Bei wem?

Scheik:

Nicht bei Allāh und nicht bei dem Kurān — — —
Ich schwöre es bei — — — Bēnt'ullāh, der Toten — — —

Babel:

Bei Bēnt'ullāh, mein Freund, bei Bēnt'ullāh?
Ist sie noch heut, noch heute dir so heilig,
Daß du bei ihr — — —

Scheik:

Das Heiligste auf Erden!
(wie in die Ferne schauend)

Sie war so rein, so schön, fast überirdisch,
Mit strahlendem Gesicht und wunderbaren,
Noch völlig unerforschten Sternenaugen.
Ich sah sie täglich aus dem Lager schreiten,
Des Morgens und des Abends, um zu beten.
Sie wandelte wie ein gekröntes Haupt.
Und wenn sie mit dem Herrn des Himmels sprach
Im ersten und im letzten Strahl der Sonne,
Da faltete von fern auch ich die Hände. — — —
O, Bēnt'ullāh, wenn ich dich stehen sah,
Den klaren Blick ins goldne Licht getaucht,
Dann eilte ich zum Schatz der Tiefe nieder

719 Und holte Alles, was ich köstlich fand,

Um dich wie eine Herrscherin zu schmücken.
Ich sehe dich mit diesen meinen Augen
Noch heute deutlich im Geschmeide blitzen,
Das du in solchen heilgen Stunden trugst,
Nur mir zuliebe, nicht aus eitlem Sinne!

Babel (nimmt das Manuskript vom Tischchen):
Genau, wie ich die Seele hier beschreibe!

Scheik:
In deinem Manuskript?

Babel:
     Ja, hier.

Scheik:
        Gib her!

Dreizehnter Auftritt.

Der Scheik. Babel.
Schēfakā erscheint unter dem Vorhange ihrer Zeltabteilung, wird aber nicht bemerkt. Sie ist als „Seele" gekleidet, genau so, wie vorgelesen wird.

Scheik (erhält von Babel das Manuskript und liest die Stelle vor):

727 „Ich schmücke dich mit Gold aus Babylon,
Mit Steinen, die Schamūramāt[1]) einst trug,
Mit zauberschweren Altupīrti=Ketten
Und Perlen aus der Zeit der Sündenflut.
Wenn du wie eine Fürstin vor mir schreitest,
Klingt dir am Fuß die Spange von Sirgūlla,
Und bist du müd, so winkt dir süße Ruhe
Auf weißem Alabaster von Martū,
Auf dem du wie ein holder Königstraum
Aus Agadī zu uns herüberschlummerst."

   (Das Buch schließend und wieder wie in die Ferne schauend)
Der Schmuck von Bēnt'ullāh! Sie ließ ihn mir.

Babel:

Er wird im Drachensaale aufbewahrt,
Doch nun soll ihn die „Menschenseele" tragen.

Scheik (ohne auf Babels Worte zu achten):

740 Auf weißem Alabaster von Martū!
                     (auf die Bank zeigend)

_____
[1]) Semiramis.

Auf diesem hier, auf ihrem Lieblingsplatz!

(nimmt Babel bei der Hand, führt ihn bis an die erste Kulisse links, vor welcher Mārah Dūrimēh verborgen sitzt, und deutet da hinaus in das Freie)

Sie ging zum Beten stets nur diesen Weg

Und bei der Rückkehr gleich zum Alabaster,

Um auszuruhn vom Gange nach der Höhe.

In letzter Zeit ist es mir oft gewesen,

Als sei sie nur zum Beten fortgegangen,

Als müsse sie nun wiederkommen — — — jetzt — — —

An jedem Augenblick — — — da ist sie schon! — — —

Und stracks zum Alabaster gehen — — — so!

(tut, als ob er Bent'ullāh sei, und geht in gerader Richtung nach der Bank hin. Da fällt sein Blick auf Schēfakā. Er schreit auf):

Allāh, Allāh! Da steht sie! Bent'ullāh!

Schēfakā (läßt den Vorhang, den sie in der Hand gehalten hat, hinter sich fallen, kommt näher):

Ich bin „die Seele", doch nicht Bent'ullāh,

Die höher stand, als Seelen stehen können.

Verzeihe mir! Ich wollte dich erfreuen!

Scheik:

Nicht Bent'ullāh — — —! Die Seele — — —! Nur die Seele!

Und doch — — — —

(aufatmend)

es war ein Schreck, ein großer Schreck!

(rafft sich zusammen)

Schēfakā (aufmunternd):

So sammle dich, und schau die Seele an!

Gefällt sie dir?

(dreht sich einige Male um und um vor ihm, bleibt dann stehen und fordert ihn dringend auf)

So sage, was du denkst!

Scheik (der sich wieder gefunden hat, die gewichtige Seide ihres Gewandes mit der Hand prüfend):

Beinahe Bent'ullāh, nur kleiner — — — — kleiner.

Wird es dir nicht zu schwer, die Last zu tragen?

Vierzehnter Auftritt.

Die Vorigen.
Der Scheik der Todeskarawane erscheint im Hintergrunde, wird
aber zunächst nicht bemerkt.

Schēfakā:

760   Es hindert mich. Ich kann mich nicht bewegen,
Und wenn ich das nicht tu, so hört man nichts.

(sie versucht, majestätisch hin und her zu gehen, was ihr aber nicht
gelingt. Sie hebt dabei das Kleid hoch auf. Man hört bei jedem
Schritte die Spangen klirren, weil sie stampft. Sie rezitiert dazu)

„Wenn du wie eine Fürstin vor mir schreitest,
Klingt dir am Fuß die Spange von Sirgülla."
Sie klingen wirklich, Scheik, die goldnen Spangen.

(stampft)

Jedoch die Majestät, die fehlt mir noch.
Drum gib mir deinen Arm, und führe mich.
Du bist der Geist; da bringe ich es besser.

(sie zieht ihn mit sich fort und geht mit ihm mißlungen=stolzen
Schrittes auf und ab. Er findet sich hinein und denkt an das Gewand,
welches er als Modell zum „Geiste" getragen hat. Indem er die
einzelnen Teile desselben nennt, beschreibt er sie durch lebhafte Hand=
bewegungen)

Scheik (mit hoher Würde hin und her schreitend):

Ich bin der Geist, im Mantel von Elissa!

Schēfakā (versucht, es ihm nachzumachen):

769   Und ich die Seele! Gold aus Babylon!

Scheik:

In königlicher Mārakānda=Seide!

Schēfakā:

Mit Steinen, die Schamūramāt einst trug!

Scheik:

Im Haar den Götterreif von Ēridū!

Schēfakā:

Mit zauberschweren Āltupīrti=Ketten!

Scheik:

Ein Gürtel von geweihter Schlangenhaut!

Schēfakā:

Und Perlen aus der Zeit der Sündenflut!

Scheik:

Und endlich gar die scharfe Sūri=Klinge!

Schēfakā (ihn nach dem Alabaster führend):

Und bin ich müd, so winkt mir süße Ruhe
Auf weißem Alabaster von Martū,
Auf dem ich wie ein holder Königstraum
Aus Āgadī zu euch hinüberschlummre.

(legt sich hin)

Da liegt der Traum!

(sieht dabei nun den Scheik der Todeskarawane, richtet sich schnell wieder auf, deutet nach ihm und ruft)

Ein Fremder dort, ein Fremder!

Scheik (greift, als er den sehr ärmlich Gekleideten sieht, nach der Peitsche):

Wer bist du, Mensch?

Babel:

Wer brachte dich hierher?

Scheik der Todeskarawane:

783   Ich bin der Scheik der Todeskarawane.

Schefaka (in heftigem Schreck):

Der Scheik der To — — — — Allah beschütze uns!

(eilt zu ihrem Vater und duckt sich hinter ihm nieder. Während die „Seele" sich derart in den Schutz der „Wissenschaft" flüchtet, ver=
schwindet in demselben Augenblicke Marah Durimeh, nur von den Zu=
schauern gesehen, von ihrem Platze und deutet damit an, daß nun ein
selbständiger, mündiger Geist in die Handlung einzugreifen beginnt.
Der Scheik der Todeskarawane wird durch den Anblick dessen, was er
hier so plötzlich vor sich sieht, in eine gewaltige, innere Bewegung ver=
setzt. Er hat dies dem Zuschauer ahnen zu lassen, ohne aber dieser
Aufregung äußere Zeichen zu verleihen, die gegen seinen Charakter und
seine Rolle verstoßen würden. Diese letztere ist so schwer, daß sie nur
von einem Meister gegeben werden kann, dem es gelingt, durch die
kleinste Bewegung Großes zu sagen und trotz der sprechendsten Geste
verschwiegen zu bleiben. Er geht langsam einige Schritte vorwärts,
wie ein Träumender, und doch Alles, was er sieht, wie mit den Augen
verschlingend. Dann bleibt er stehen und grüßt die Anwesenden,
natürlich orientalisch)

Scheik der Todeskarawane

Salām!

Schefaka (zaghaft)

Salām!

Babel (zurückhaltend)

Salām!

Scheik der Todeskarawane (zum Scheik, der ihm nicht dankte)

Ich grüßte dich!

Scheik (weicht vor ihm bis an den Thron zurück, auf den er sich setzt):

Es stinkt so plötzlich hier!

Scheik der Todeskarawane (horcht beim Klange dieser Stimme
auf, zu Babel und Schefaka):

786   Wo ist der Scheik?

Schĕfakā (hinter ihrem Vater hervor, weil dieser mit der Antwort zögert):

Auf seinem Throne da.

Scheik der Todeskarawane (ohne nach dem Scheik zu schauen):

Wer bist denn du?

(er geht zu ihr hin, zieht sie hinter ihrem Vater hervor und be= trachtet sie lächelnd, aber mit ungewöhnlichem Interesse. Dabei dreht er sie um sich selbst, bis sie ihm das Gesicht wieder zuwendet. Sie antwortet sehr schüchtern, bei jeder dieser Drehungen einen Satz)

Schĕfakā:

Ich heiße Schĕfakā — — — die „Menschenseele" — — —

Bin Babels Tochter — — — bin das „Schreckenskind".

Scheik der Todeskarawane (humoristisch):

Das glaube ich!

(ernst fortfahrend):

Die „Seele" war von je

Das Schreckenskind des menschlichen Gehirnes.

Der Schreckens v a t e r aber ist der Geist,

Der sogenannte Geist — — — —

Scheik (aufbegehrend):

Wen meinst du da?

(der Scheik der Todeskarawane horcht, ohne ihn anzusehen, beim Klange dieser Stimme wieder auf. Er lauscht wie in weite Ferne und läßt seinen Blick ganz eigenartig umherschweifen)

Schĕfakā (Mut gewinnend):

Was suchest du?

Scheik der Todeskarawane (mit umherirrender, aber keineswegs unsicherer Aufmerksamkeit):

Ich suche Alles, Alles!

Schĕfakā:

So sage, was?

Scheik der Todeskarawane (betrachtet sie von oben bis unten):

Ich sah dich schon einmal — — —

Doch aber du — — — du bist es n i c h t gewesen.

Scheik (befehlend):

Von welchem Stamme bist du?

Scheik der Todeskarawane (ohne sich nach ihm umzudrehen)
Das weiß ich nicht.

Scheik (spuckt verächtlich aus):
Wie heißest du?

Scheik der Todeskarawane:
Ich habe keinen Namen.

Scheik (wieder ausspuckend):
Der Name deines Vaters?

Scheik der Todeskarawane:
Unbekannt.

Scheik (spuckt zum dritten Male aus):
O Schmach, o Schmach! O Schande über Schande!

Scheik der Todeskarawane (zu Schefakā, indem er mit dem Kopfe hinter sich nach dem Scheike winkt):
Auch diesen sah ich schon — — — mit seiner Peitsche!
Was spieltest du mit ihm, grad als ich kam?

Schefakā (mit einem Anfluge von Stolz):
Wir spielten Geist und Seele — — — die bin ich.

Babel (geht nach seinem Platze, deutet auf den Scheik):
Und er, er ist der Geist!

Scheik der Todeskarawane (wendet sich endlich dem Scheik zu):
Der Geist! Der Geist!
(indem er dies sagt, geht er einen Bogen um den Scheik und nimmt ihn scharf in die Augen. Dann lehnt er sich an einen Mauerrest und spricht weiter):
Zu Märdistān, im Walde von Kulūb,

Liegt einsam, tief versteckt, die Geisterschmiede.

Babel:

Da schmieden Geister?

Scheik der Todeskarawane:

Nein, man schmiedet sie!
Der Sturm bringt sie geschleppt, um Mitternacht,
Wenn Wetter leuchten, Tränenfluten stürzen.
Der Haß wirft sich in grimmer Lust auf sie.
Der Neid schlägt tief ins Fleisch die Krallen ein.
Die Reue schwitzt und jammert am Gebläse.
Am Blocke steht der Schmerz, mit starrem Aug
Im rußigen Gesicht, die Hand am Hammer.

(zum Scheik)

Da, jetzt, o Scheik, ergreifen dich die Zangen.
Man stößt dich in den Brand. Die Bälge knarren.
Die Lohe zuckt empor, zum Dach hinaus,
Und Alles, was du hast und was du bist,
Der Leib, der Geist, die Seele, alle Knochen,
Die Sehnen, Fibern, Fasern, Fleisch und Blut,
Gedanken und Gefühle, Alles, Alles
Wird dir verbrannt, gepeinigt und gemartert
Bis in die weiße Glut — — —

Scheik (aufschreiend):

Allāh — — — — Allāh!

Scheik der Todeskarawane:

Schrei nicht, o Scheik! Ich sage dir, schrei nicht!
Denn wer da schreit, ist dieser Qual nicht wert,
Wird weggeworfen in den Brack und Plunder
Und muß dann wieder eingeschmolzen werden.
Du aber willst zum Stahl, zur Klinge werden,
Die in der Faust des Parakleten funkelt,
Sei also still! — — — — — — — —

— — — — Man reißt dich aus dem Feuer — — —
Man wirft dich auf den Ambos — — — hält dich fest.
Es knallt und praſſelt dir aus jeder Pore.
Der Schmerz beginnt sein Werk, der Schmied, der Meiſter.
Er ſpuckt ſich in die Fäuſte, greift dann zu,
Hebt beiderhändig hoch den Rieſenhammer
Und nun — — — —

Scheik (ſchreit auf):

Allāh — — — — Allāh!

Schēfakā (iſt der Schilderung mit grauenvoller Spannung gefolgt, warnt
den Scheik):

Sei ſtill, ſei ſtill!

Willſt du ins alte Eiſen?

Scheik:

Nein!

Schēfakā:

So ſchweig!

Scheik der Todeskarawane:

Die Schläge fallen. Jeder iſt ein Mord,
Ein Mord an dir. Du meinſt, zermalmt zu werden.
Die Fetzen fliegen heiß nach allen Seiten.
Dein Ich wird dünner, kleiner, immer kleiner,
Und dennoch mußt du wieder in das Feuer — — —
Und wieder — — — immer wieder, bis der Schmied
Den Geiſt erkennt, der aus der Höllenqual
Und aus dem Dunſt von Ruß und Hammerschlag
Ihm ruhig, dankbar froh entgegenlächelt.
Den ſchraubt er in den Stock und greift zur Feile.
Die kreiſcht und knirſcht und frißt von dir hinweg
Was noch — — — —

Babel (einfallend):

Halt ein!

Scheik (auffpringend):

Halt ein!

Schefakā (bittend):

Es ist genug!

Scheik der Todeskarawane:

Es geht noch weiter, denn der Bohrer kommt,
Der schraubt sich tief — — —

Scheik:

Sei still! Um Gottes willen!

Scheik der Todeskarawane (geht auf den Scheik zu, bleibt hart
vor ihm stehen und fragt):

Du bist in Mārdistān gewesen?

Scheik (weicht vor ihm zurück):

Nein!

Scheik der Todeskarawane (folgt ihm auf dem Fuße und nimmt
ihn scharf in das Auge):

Im Walde von Kulūb?

Scheik (tritt weiter zurück):

Noch nie, noch nie!

Scheik der Todeskarawane (folgt ihm wieder):

Nicht in der Geisterschmiede?

Scheik (weicht noch weiter):

Niemals! Nein!

Scheik der Todeskarawane (folgt ihm):

Und nennst dich Geist? Und schämst dich, mich zu grüßen?

(hält ihm die Hand hin)

Salām?

Scheik (weicht immer weiter zurück und wird immer verlegener)

Nur Männer pflegen sich zu grüßen.

Wo hast du deine Waffen?

⚛ 81 ⚛

Scheik der Todeskarawane (folgt ihm immer wieder, macht die
ausgestreckte Hand bedeutungsvoll zur Faust und schüttelt sie):

Hier!

(öffnet die Hand wieder und hält sie ihm hin)

857   Salām?

Scheik (retiriert noch immer, und der Scheik der Todeskarawane folgt ihm.
Die Blicke beider sind wie ineinander gebohrt)

Schaff deine Augen weg! Ich mag sie nicht!

Scheik der Todeskarawane:

Zum letzten Mal: Salām?!

Scheik (ist an eine Mauer getrieben worden, kann also nicht weiter zurück-
weichen, vermag auch nicht länger, dem auf ihn gerichteten, zwingen-
den Blick zu widerstehen. Er schlägt also ein und sagt):

Salām!

Scheik der Todeskarawane (zwingt den Scheik zu einem noch-
maligen Drucke der Hand):

$\left\{ \begin{array}{l} \text{Salām!} \\ \\ \text{Salām!} \end{array} \right.$

Scheik (wohl oder übel einstimmend):

859

Fünfzehnter Auftritt.

Die Vorigen.
Es nähert sich eine arabische Musik, leer und scharf klingend, von nur wenigen Instrumenten. Es sind die marschähnlichen Töne des „Umehā". Allerlei Volk kommt voran, links herein, an Tor und Zelt vorbei und rechts wieder hinaus. Sodann der Kādi.

Kādi:

Die Schattenspieler kommen!

(sucht sich einen Platz. Schefakā gibt ihm Tschibūk und Feuer)

Scheik:

Platz für sie!　860

(knallt mit der Peitsche hinter dem Volke her, froh über diese Beendigung der letzten, unangenehmen Szene)

Sechzehnter Auftritt.

Die Vorigen.
Die Musik ist fast schon da. Da erscheint der alte Ḥākawāti.

Ḥākawāti:

861   Ich melde dir, o Scheik, die Phantasie!

Scheik:

Sie kommt zur rechten Zeit!

Ḥākawāti:

862   Ich bringe sie!
(Ḥākawāti wieder ab)

Siebenzehnter Auftritt.

Die Vorigen ohne Ḥākawāti.

Der Scheik der Todeskarawane steht neben Schēfakā, deren an-
fängliche Angst vor ihm schon im Verschwinden ist, weil er ihr
Achtung abgenötigt hat. Die unerwarteten Eindrücke stürmen
von allen Seiten auf ihn ein, und er muß seine ganze Selbst-
beherrschung zusammennehmen, um wenigstens die äußere Ruhe
zu bewahren. Bei dem Anblicke des alten Ḥākawāti greift er
sich aber doch an den Kopf, denn der hochbetagte Märchenerzähler
ist eine der wichtigsten Gestalten seiner geheimnisvollen Erinnerung.

Scheik der Todeskarawane (zu Schēfakā):

Das ist —— —— das ist —— ——
(als der Ḥākawāti wieder verschwindet)
Das war —— —— der Ḥākawāti? 868

Schēfakā:

Der Ḥākawāti, ja. Du kennst ihn schon?

Scheik der Todeskarawane (im Tone der Ungewißheit):

Jawohl —— —— nein, nein —— —— und doch, und doch!

Schēfakā:

Woher?

Scheik der Todeskarawane:

Aus meiner Jugendzeit.
(sich besinnend)
Er hat erzählt
Von diesem alten Turm, der uns gehört,
Und von dem Geist, der drin verzaubert liegt.

868

Schĕfakā:

Die Lieblingssage, die er täglich bringt — — —

Scheik der Todeskarawane (einfallend):

Ja, täglich, täglich — — — aber

(grübelnd)

wer war ich?

Schĕfakā (ahnungslos):

Er sagt es Jedem — — —

(sich unterbrechend und nach den Schattenspielern deutend)

871 doch, da sind sie schon!

Achtzehnter Auftritt.

Die Vorigen.

Die Musik erklingt jetzt unmittelbar hinter der Szene. Der Zug marschiert nach ihrem Takte. Es ist, wie schon erwähnt, das „Umehā“. Der Imām schreitet voran. Er gesellt sich sofort zu den Anwesenden. Hinter ihm die Musikanten, dann die Schattenspieler, phantastisch aufgeputzt, mit einigen Eseln und, wo ein zoologischer Garten es ermöglicht, mit Kamelen. Sie kommen links hinten herein, legen ihre Requisiten ab und gehen rechts wieder hinaus, um (wie es scheint) da draußen zu lagern. Das „Umehā“ erklingt draußen fort, aber leiser. Die Requisiten bestehen aus einigen Stangen und hellen Tüchern.

Scheik:

Wie ärmlich das! Ich dachte mir es anders!   872
     (mit dem Fuße verächtlich an die Sachen stoßend)
Da liegt die ganze Kunst — — — hier an der Erde!   873
Wer richtet sie uns auf?

———

Neunzehnter Auftritt.

Die Vorigen.
Dann der Ḥākawāti und hierauf die Phantasie mit der Bibel.
Gegen den Schluß dieses Auftrittes beginnt die Dämmerung.

Ḥākawāti (erscheint nicht im Hintergrunde, sondern hinter der ersten Ku=
lisse links, wo der Scheik von Bēnt'ullāh gesprochen hat. Er meldet an):

874   Die Phantasie!
(bleibt stehen bis Phantasie und Bibel an ihm vorübergegangen sind)

Phantasie (noch hinter der Szene, laut, in gebieterischem Tone):

Es naht die Kunst. Die Posse hat zu schweigen!
(auf diesen Befehl verstummt draußen sofort das „Ūmehā" der
Schattenspieler. Die Phantasie tritt ein, da, wo der Ḥākawāti steht, also
auf dem einstigen Gebetswege der totgeglaubten Bēnt'ullāh. Sie führt
die tief verschleierte Bibel an der Hand. Sobald man Beide sieht, er=
klingen Harfen im Innern des Turmes. Alle Anwesenden lauschen, im
höchsten Grade erstaunt, nach dem Turme. Die Phantasie bleibt mit
der Bibel stehen und fragt)

Phantasie:

Wer grüßt uns hier?

Ḥākawāti (die Hände feierlich erhebend):

Die Harfen der Psalmisten!

Phantasie (nach rückwärts deutend, wo man sich den Fluß zu denken hat):

Die Saitenspiele, die ich dort am Ufer

Des Euphrat an den Weiden hängen sah,

Als Gottes Volk um Zions Tempel weinte.

880   Wie kommen sie hinab in diesen Turm?

Hakawāti:

Sie sanken mit dem Geiste in die Tiefe
Und klingen nun zu dir, zu euch empor,
Weil sie es ahnen, daß die Hilfe naht.

Phantasie:

Die Hilfe naht?
(mit einer Neigung nach der Bibel)
So schreite sie denn weiter!

(die Phantasie bleibt, wo sie steht. Sie läßt die Hand der Bibel
los. Diese geht vorwärts, direkt nach dem Alabaster, genau so, wie der
Scheik es von Bênt'ullâh gesagt hat, in langsamen Schritten, zu denen
die Akkorde der Harfen den Takt angeben. Diese Akkorde werden immer
lauter, je näher die Bibel ihrem Lieblingsplatze kommt. Sie halten ein=
mal plötzlich an, als die verschleierte Gestalt, einen Augenblick zaubernd,
vor ihm stehen bleibt. Als sie sich aber dann setzt, jubeln sie hoch auf
und brechen dann ab.

Dieser von den Harfen begleitete Gang nach dem Alabaster darf
keineswegs etwas Theatralisches oder gar Bombastisches an sich haben.
Er bedeutet die Rückkehr der Bibel nach dem Morgenlande und ist zu
gleicher Zeit die Heimkehr der erzieherischen Weiblichkeit zum „Menschen
der Gewalt", den sie zu veredeln hat. Das muß schlicht und bescheiden
geschehen, ohne die geringste Spur von Effekthascherei.

Als die Bibel an dem Scheik der Todeskarawane vorübergeht, zuckt
er in ihrer Atmosphäre zusammen und bleibt mit großen Augen an ihr
hangen. Man sieht, daß er auch die Phantasie mit höchstem Interesse
beobachtet. Sie kommt ihm bekannt vor. Er denkt über sie nach. Die
Anwesenden stehen alle wie unter dem Einflusse eines Märchens.)

Scheik (tief Atem holend):

Unglaublich fast!

Imām:
Erstaunlich!

Babel:
Wunderbar!

Scheik (zur Phantasie):

Wer bist du, Weib?

Phantasie:
Ich bin die Phantasie. 886

Scheik:

887   Das hörte ich bereits. Wie ist dein Name?

Phantasie:

Abū Kitāl.

Scheik:

So heiße doch nur ich!

Phantasie:

Die Phantasie führt stets den Namen dessen,
Dem sie gehorcht. Drum heiße ich wie du.

Scheik:

So bist du mein? Bist meine Phantasie?

Phantasie:

Für heut will ich es sein, weil es sich fügt.

Scheik:

So höre mich, was ich von dir verlange — — —!

Phantasie:

Ich weiß es schon.

Scheik:

Von wem? Vom Ḥākawāti?

Phantasie:

Von mir. Denn, bin ich deine Phantasie,
So weiß ich Alles, ehe du es weißt.

    (tritt zu dem Scheik der Todeskarawane, der noch immer neben Schefakā steht)

897   Ich weiß, daß du den „König" reiten sollst.
Bist du bereit?

Scheik der Todeskarawane (beugt unwillkürlich ein Knie):

Wenn du befiehlst!

Phantasie:

Es sei!

(wendet sich von ihm ab, zum Scheik)

Scheik der Todeskarawane (zu Schefaka, die sich von der Phan=
tasie so ergriffen fühlt, daß sie fast kein Auge von ihr wendet)

Ich sah sie schon, doch wo, kann ich nicht sagen!

Phantasie (zum Scheik):

Und ich, ich soll den Feind zum Zorne reizen,
Indem ich ihn durch seine Schatten kränke.

Scheik:

Ob du das können wirst?

Phantasie:

Erprobe es!

Scheik:

Sei nicht zu kühn! Ich fordre viel von dir!
Du mußt die Schatten dieser meiner Feinde
So täuschend und so überzeugend treffen,
Daß Keiner sagen kann, er sei es nicht.
Gib eine Probe — — — heut — — — mit unsern Schatten!

(deutet auf die am Boden liegenden Requisiten und dann hinaus,
wo die Schattenspieler sind)

Die Kunst liegt hier, und draußen sind die Künstler!

Phantasie (abwehrend):

Vor dieser Kunst bewahre mich, o Scheik!
Du sollst die meine sehen, keine andre.

(nach dem Zelte deutend)

Gib mir das Zelt, so kann ich gleich beginnen!

Schefaka (antwortet an Stelle des Scheikes, schnell und freudig):

Wie gern, wie gern! Komm, schnell! Ich zeig es dir!   912

(sie gehen miteinander zum Zelte, an der Bibel vorüber, welche von
ihrem Platze aufsteht und sich ihnen anschließt. Sie verschwinden in

der Frauenabteilung, deren Vorhang hinter ihnen niederfällt. Später
treten die Phantasie und Schéfakā aus der Männerabteilung heraus.
Die Bibel bleibt in der Frauenabteilung zurück und wird erst beim
Schattenspiele wiedergesehen. Die Dämmerung beginnt hereinzubrechen)

Scheik (zu den Andern):

913   Die hab ich mir ganz anders vorgestellt!

Babel:

Ich auch!

Imām:

Ich auch!

Kādi:

Ich auch!

Hakawāti:

914   Der Schwarze kommt!

———————

Zwanzigster Auftritt.

Die Vorigen.   Der Neger.

Vorbeter:

Bei Tell el Krēni, bei Imām Reschīd   915
Und bei Delāb ziehn Truppen sich zusammen.

Scheik (sehr erfreut):

Das sind die Ūkalā, die Hukāma
Und die Schuttār, schon sieben nun von acht!

Vorbeter:

Wann bete ich den Sonnenuntergang?

Imām:

Sofort!

Scheik:

Doch nur das Ūmehā. Nichts weiter!   920
(Vorbeter ab.)

Einundzwanzigſter Auftritt.

Die Vorigen ohne den Vorbeter.

Die Dämmerung iſt inzwiſchen eingetreten, und Schēfakā hat das
Feuer höher geſchürt, damit man ſehen könne. Das iſt die Zeit
des Moghreb, des Gebetes kurz nach Sonnenuntergang. Der
Scheik der Todeskarawane hält ſich abgeſondert und beſchäftigt
ſich ſehr angelegentlich, aber keineswegs in auffälliger Weiſe,
mit der Oertlichkeit. Es ſcheint, als ob er auf die Andern gar
nicht achte. Der Hākawāti ſitzt ſtill an ſeinem Platze. Die Andern
ſtehen im Vordergrunde und beobachten, was hinten geſchieht.
Dort kommt die Phantaſie mit Schēfakā wieder aus dem Zelte,
vor deſſen Männerabteilung der helle Vorhang herabgelaſſen wird,
weil auf ihm, von innen erleuchtet, ſich die Schatten bilden ſollen.
Die Phantaſie klatſcht in die Hände, worauf die Schattenſpieler
erſcheinen. Sie bleiben im Hintergrunde und werden von ihr
inſtruiert. Einige von ihnen tragen die Requiſiten fort, weil ſie
nicht gebraucht werden. Einige verkleiden ſich. Man ſieht, daß
ſie die Geſtalten des Scheik, des Imām, des Kādi und auch Babels
nachahmen. Inzwiſchen wird im Vordergrunde weitergeſprochen.

Scheik:

921 Nun haben nur noch die Schukūk zu kommen,
Dann ſind wir aller unſrer Freunde ſicher.
Die Todeskarawane — — —

Babel (einfallend):

Die wird wirken!

Imām:

Ihr Scheik gefällt mir!

Kādi:

924 Hat es innerlich!

Scheik:

Und diese Phantasie — — —

Imām (fällt ein):

Die paßt!

Kādi:

Die paßt!

Scheik:

Beweise erst, Beweise!

Babel:

Wird sie geben!

Scheik!

Ich bin gespannt!

Imām:

Ich auch!

Kādi:

Ich auch!

Babel:

Sie kommt!

(man hört die Gebetsbretter läuten. Die Phantasie kommt nach vorn. Schefakā trennt sich von ihr, um vorzubereiten)

Phantasie (zum Scheik):

Du wolltest eure Schatten von mir sehen,
(auf die betreffenden Spieler zurückdeutend)
Sie kleiden sich jetzt an. Doch warne ich.
Ich lasse sie auch sprechen. Darf ich das?

Babel:

Gewiß!

Imām:

Gewiß!

Kādi:

Gewiß!

Scheik:

Das wird ja lustig!

Ich sehe schon daß du mich treffen wirst!

(er schaut nach dem Hintergrunde, wo sein Ebenbild soeben vollendet wird. Auch die Porträts der Andern sind fertig und verschwinden in der Männerabteilung des Zeltes)

Babel (über sein Konterfei lachend):

Mich auch!

Imām (ebenso):

Mich auch!

Kādi (ebenso):

Mich auch!

Scheik:

Doch bitte ich,
Daß sich zum Scherz auch etwas Ernst geselle!

Phantasie:

An Ernst soll es nicht fehlen — — — sicher nicht!

Scheik:

Und wann beginnst du?

Phantasie:

Gleich nach dem Gebete.
(kehrt nach dem Hintergrunde zurück)

Scheik:

So laßt uns Plätze schaffen!

Imām:

Plätze!

Kādi:

937

Plätze!

Zweiundzwanzigſter Auftritt.

Die Vorigen.

Es iſt vollſtändig dunkel geworden. Die Szene wird nur von dem flackernden Herdfeuer Schēfakās erleuchtet. Das gibt geſpenſtige Schatten. Das Läuten der Gebetsbretter kommt näher. Es ſtellen ſich Beter und Neugierige ein, die vom Scheike zur Herſtellung von Sitzen angehalten werden. Ihren vereinten Kräften gelingt es auch, den ſchweren, ſechstauſend Jahre alten Thron umzudrehen, auf den ſich der Scheik zu ſetzen hat, das Geſicht nach dem Zelt gerichtet. Um dieſe Vorbereitungen zu beleben und intereſſanter zu machen, kommen die Nachbildungen des Scheik, des Imām, des Kādi und Babels beliebig wieder aus dem Zelte, um irgend Etwas zu beſorgen oder nachzuholen. Es gerät für einige Augenblicke Alles durch= einander, bis die Phantaſie im Zelt verſchwindet und alle Spieler ihr folgen. Da ſetzt ſich der Scheik auf den Thron. Rechts und links von ihm und überall ſetzen ſich die Andern nieder, doch ſo, daß ſie dem Publikum die Schattenbilder nicht verdecken. Es wird ſtill. Die Stimme des Vorbeters erſchallt hinter der Szene. Er tritt herein und ſingt:

Heeehhh alas salāh! Heeehhh alal = felāh! Auf zum Gebete! Auf zum Heile! Heeehhh alas salāh! Heeehhh alal = felāh! Allāh akbar! Allāh hu!

Während er dies ſingt, erſcheinen hinter ihm ſeine Adjuvanten, denen der Scheik zuruft:

Stimme des Scheik:

Das „Ūmehā!" Und dann an eure Plätze!

Der Vorbeter kniet nieder, hinter ihm die mit ihm Gekommenen. Hierauf beginnt das „Ūmehā" mit den bekannten Verneigungen. Nach einiger Zeit ſieht man, daß die Beter ſich von den Knieen er= heben und, ohne mit dem „Ūmehā" aufzuhören, ihre Zuſchauerplätze

⚬ 97 ⚬

längs der beiden Seiten aufsuchen. Schefakâs Feuer verschwindet, und es wird für kurze Zeit vollständig dunkel.

Da plötzlich fällt von innen Licht auf den Vorhang der Männerabteilung des Zeltes, und man sieht die am Boden sitzenden Schatten des Scheik, des Imâm, des Kâdi und Babels, welche auch mitbeten und sich sehr eifrig nach dem Takte des „Ûmehâ" verneigen. Hinter ihnen viele Andere. Dann hört das „Ûmehâ" mit einem Schlage auf. Es ist Alles still. Die Schatten verneigen sich nicht mehr. Sie sitzen bewegungslos und lauschen nach der dunklen Frauenabteilung hin, aus welcher es leise, wie mit Ketten, klirrt. Das Klirren wird lauter. Die gefesselte Bibel, verschleiert, tritt hinter dem dunkeln Vorhange hervor, tut einige Schritte seitwärts bis zur Mitte des erleuchteten Vorhanges, wobei ihr die Aufmerksamkeits-Bewegungen der hinter diesem Vorhange befindlichen Schattenspieler zu folgen haben, und spricht:

„Laßt uns die heilge Fât'ha beten!"

Da erklingen die Harfen im Innern des Turmes. Die Bibel hebt die Hände und betet:

„Im Namen des allbarmherzigen Gottes! Lob und Preis sei Gott, dem Weltenherrn, dem Allerbarmer, der da herrschet am Tage des Gerichtes! Dir wollen wir dienen, und zu dir wollen wir flehen, auf daß du uns führest den rechten Weg, den Weg derer, die deiner Gnade sich freuen und nicht —— — — — —"

Sie kommt nicht weiter, denn der Schatten des Scheik springt hinter ihr von seinem Sitze auf, knallt zornig mit der Peitsche und schreit, während die Harfenklänge sofort verstummen und die Bibel schnell wieder im Dunkel der rechten Zelthälfte verschwindet:

Schatten des Scheik:

939   Was fällt dir ein, du Wurm, du Laus, du Milbe!
Wasch dir den Mund mit Seife von Ischnân,
Doch wage niemals, so mit Gott zu sprechen,
Als ob er wenigstens dein Freund und Vetter,
Wohl gar der Onkel deiner Tante sei.
Du hast nach meinem Formular zu beten,
Kein Wort zu viel und keines davon weg;
Allâh ist Herr, und was ich will, geschieht!

947   Ich will das „Ûmehâ" noch einmal hören!

(das „Ūmeḥā" beginnt zum zweitenmal, und der Schatten des Scheik schlägt mit der Peitsche genau so den Takt dazu, wie er es beim Nach- mittagsgebete getan hat. Dann gibt er das Zeichen, aufzuhören und spricht):

Das mag genügen! Merkt euch diese Lehre,
Und betet nach der altbewährten Weise!
Das schnappt und klappt! Das ist so fest gefügt!
Das bricht sich Bahn! Wer kann da widerstehen!
So ein Gebet steigt wie in Wehr und Waffen
Zum Himmel auf und muß selbst Gott besiegen!
Das ist das alte, heilge „Ūmeḥā";
Die ganze Erde wird ihm angehören!

Alle Schatten (springen auf, tanzen wie toll umher und rufen):

Das ist das alte, heilge „Ūmeḥā";
Die ganze Erde wird ihm angehören!

(sie umringen den Scheik und Babel und führen Beide im Triumphe davon. Nur Zwei bleiben da, nämlich die Schatten des Imām und des Kādi. Sie gestikulieren hinter den sich Entfernenden her und führen folgendes Gespräch):

Schatten des Imām:

Triumph, Triumph!

Schatten des Kādi:

Für uns!

Schatten des Imām:

Wie er gehorcht!

Schatten des Kādi:

So ahnungslos, daß er geleitet wird!

Schatten des Imām:

Ein Meisterplan von dir!

Schatten des Kādi:

Von dir!

Schatten des Imām und des Kādi (zugleich):

Von Beiden!

Schatten des Kādi:

961 Wir lenkten damals schon — — —!

Schatten des Imām:

Bei Bēnt'ullāh!

Schatten des Kādi:

Und er gehorchte — — —

Schatten des Imām:

Ganz genau wie heut!

Schatten des Kādi:

Es war ein Sieg des heilgen Rechtes — — —

Schatten des Imām:

Ein Sieg des heilgen Glaubens,
Daß er die Christin endlich gehen ließ
Und dann das Dokument für richtig hielt,
Mit dem wir ihren Tod bestätigten.
Wie nun, wenn sie jetzt plötzlich hier erschiene?!

Schatten des Kādi (erschrocken):

Um Gotteswillen, still! Der Scheik hört es!

(er deutet nach außen, wo der Scheik sich hoch und starr von seinem
Throne aufrichtet, zum Sprunge bereit)

Schatten des Imām (sich ängstlich umsehend)

Der Scheik — — —?

Schatten des Kādi (bestätigend):

Der Scheik!

Der wirkliche Scheik (vor Aufregung fast brüllend):

969 Jawohl der Scheik, der Scheik!

(will sich auf das Zelt stürzen, bleibt aber schon nach dem ersten
Schritte stehen, wirft die Arme in die Luft und schreit):

Betrogen wurde ich! Sie lebt! Sie lebt!
Ihr Fälscher! Ihr Halunken! Gebt sie her!

(springt nach dem Zelte, reißt den Vorhang auf und bringt hinein.
In diesem Augenblicke verlischt das Licht. Es herrscht Finsternis. Man
hat nur noch sehen können, daß der scheinbar wirkliche Imām und der
scheinbar wirkliche Kadi, die neben ihm gesessen haben, schnell über die
Szene huschen, um sich in Sicherheit zu bringen. Es entsteht große
Verwirrung. Da eilt Schefaka zum Feuer und schürt es auf, daß die
Flammen leuchten. Bei ihrem Scheine sieht man, daß der Scheik die
Schatten des Imām und des Kadi aus dem Zelte gezerrt bringt. Er
ruft dabei)

Heraus mit dem Geständnis! Schnell heraus!
Wo habt ihr sie?

Babel (herbeitretend):

Das sind doch nur die Schatten!

Scheik (wie außer sich, muß sich besinnen):

Die Schatten?

(läßt sie los, worauf sie augenblicklich verschwinden)

Babel:

Ja?

Scheik:

Wo sind die Wirklichen?

Babel:

Soeben fort!

Scheik:

Ich muß sie haben! Schnell!

(Alles eilt von dannen. Der Scheik will es auch tun, bleibt aber
unter der Wucht des gegenwärtigen Eindruckes nochmals stehen und ruft)

Sie lebt! Sie lebt! So lebt doch auch der Sohn!
Ich muß sie haben — — — muß sie Beide haben!

977

(er will fort, da kommt der Neger).

Dreiundzwanzigster Auftritt.

Der Scheik, der Schwarze. Alle Andern sind fort, um nach dem Imäm und dem Kâdi zu suchen.

Der Vorbeter:

978   Es lassen drunten bei Imäm Ssinät
    Sich große, starke Reiterhorden sehen.

Scheik (prallt zurück, wie vor etwas ganz Fremdem, besinnt sich aber rasch)
    Die Krieger der Schukûk!

Vorbeter (mit Betonung):
                   Die uns noch fehlten!

Scheik (tief Atem holend):

    Alläh sei Dank, die Freunde kommen alle!
    Wie wird das Herz mir leicht! Der Sieg ist unser!
    Der Sieg, der Sieg für meine An'alläh,
    Für mich, Abû Kitäl, des Kampfes Vater,
    Für den Islâm und für — — —

             (stockt, besinnt sich auf das Vorhergehende)
               und Bênt'ulläh?

    (vergißt die Anwesenheit des Negers, wird von seiner Erregung hin
    und her getrieben)

    Und Bênt'ulläh — — — —! Die von dem Tod Erwachte — — — —!
    Die Mutter meines Sohnes — — — —!
            (erschrickt)

987   Meines — — — — Erben!

Der mir als Scheik zu folgen — — — — — — — —
— — — — — — — — — Bént'ulláh!
Du glaubst an Einen, der dir höher steht,
Als der Islâm und alle Paradiese.

(abwägend)

Bei dir find ich das Glück, das Himmelreich,
Und hier den Ruhm, die Herrlichkeit der Erde.

(ratlos)

Was soll ich tun? Was soll ich wählen? Sag!
Ich frage mich und frage das Geschick,
Doch keine Antwort kommt. So muß ich beten!

(faltet die Hände, ängstlich)

„Im Namen des allbarmherzigen Gottes! Lob und Preis sei
Gott, dem Weltenherrn, dem Allerbarmer, der da herrschet am
Tage des Gerichtes! Dir wollen wir dienen, und zu dir
wollen wir flehen, auf daß du uns führest den rechten Weg,
den Weg derer, die deiner Gnade sich freuen, nicht den Weg
derer, denen du zürnest und nicht den Weg der Irrenden!"

(dreht sich um, da steht der Vorbeter noch vor ihm; zurückweichend)

Was willst du noch? Was hast du noch zu sagen?

Vorbeter (hebt warnend den Arm, genau so, wie am Schlusse des Nach-
mittagsgebetes, als der Scheik ihn fortwies)

Daß es — — — mit dir — — — zum raschen Ende geht!

Scheik (verständnislos):

Wie meinst du das?

Vorbeter:

Erinnre dich, o Scheik!
Soeben hast du sie gebetet!

Scheik:

Was?

Vorbeter:

1000   Die heilge Fāt'ha!

Scheik (zusammenfahrend):

Wirklich?

Vorbeter (die Hand wie zum Schwur erhebend):

Bei Allāh!

Vorhang nieder.

Ende des ersten Aktes.

———————

Zweiter Akt.

Situation.

Alle Veränderungen, welche die Szene während des ersten Aktes erlitten hat, sind aufgehoben worden. Auch der Thron steht wieder so, wie er ursprünglich stand. Die Schattenspieler haben nicht wieder zu erscheinen, und das auf sie verwendete Personal kann anderweit beschäftigt werden.

Schefakā ist auch in diesem Akte unablässig als Wirtin tätig. Das gehört zu ihrer Rolle als „Seele". Und Jeder bemüht sich, ihr zu zeigen, wie gern man sie hat. Alles, was sie tut und spricht, ist innerlich begründet, wie z. B. nur allein sie es sein darf, welche den Befehl, das Innere des Turmes zu erleuchten, in Ausführung bringt.

Der Klang der „Hämmer" muß sehr ernst genommen werden. „Kulūb" ist der Plural des arabischen Wortes für „Herz". Die Herzensqualen, welche der nach oben strebende, von seinen Widersachern gemarterte Mensch in der Schmiede von Kulūb auszustehen hat, sind durch diese Hammerschläge anzudeuten, welche sofort erklingen, sobald der Scheik von der Enttäuschung und vom Schmerz ergriffen wird. Diese Wirkung kann nicht durch irgend eine akustische Spielerei hervorgebracht werden, sondern durch wirkliche Hämmer, die in Moll zusammenklingen und von so ver=

schiedener Größe sein müssen, daß die folgende Klangfigur zu erreichen ist:

(für vier Hämmer)

Schließlich noch die vielleicht nicht ganz unnötige Bemerkung, daß, um der Regie die größtmögliche Freiheit zu lassen, über „An" und „Ab" der handelnden Personen keine Vorschriften gemacht werden. Man hat sich den Beratungsplatz der An'allāh nach rechts und links so offen zu denken, daß kein Zwang statt= zufinden braucht, durch irgend eine bestimmte Kulisse zu kommen oder zu gehen.

Erster Auftritt.

Dieselbe Szene wie im erften Akte.

Es ift gegen Mitternacht. Kein Mond und auch nur wenige Sterne am Himmel. Flackerndes Herdfeuer, alfo unruhiges, ungewiffes Licht. Die Vorhänge des Zeltes find gefchloffen.

Man hört, noch ehe der Vorhang fich hebt, vom entfernten Duar[1] her eine fchrille, arabifche Mufik, in welche von Zeit zu Zeit auch Menfchenftimmen mit den bekannten Interjektionen klingen. Wie es fcheint, werden da drüben Reden gehalten, denen man Beifall fpendet. Während der Paufen fteigen aus dem Innern des Turmes Harfentöne empor. Es ift, als ob die Harfen gegen den häßlichen Lärm des Duar gern aufkommen möchten, aber doch nicht könnten.

Die Bibel fteht im Hintergrunde links, vom Zufchauer aus gefehen, mit unverhülltem Geficht. Sie hat den Schleier zurückgeworfen und fchaut erwartungsvoll nach dem Lager hinüber. Die Phantafie lehnt in der Mitte der rechten Seite an einem Mauerüberrefte. Sie laufcht mehr nach den Harfen als nach dem Getöfe des Duar. Beides, das Getöfe und der Harfenklang, wechfelt dem Inhalte des Gefpräches entfprechend ab. Bei hohem Inhalte klingen die Harfen; bei den andern Zeilen darf der Lärm zu hören fein. Das Eine wie das Andere aber hört auf, fobald Schëfakā erfcheint.

Bibel (beforgt):

Wie wird es fich entfcheiden?!   1

Phantafie:

       Menfchentümlich.

Bibel (fchnell):

Du meinft, nicht gut?

---

[1] Lager, Zeltdorf.

Phantasie:

2   Ich meine, immer gut.

In unsre Fehler tritt der Fuß des Herrn,
Und Segen träufelt, wo wir es nicht ahnen.

                (überlauter Lärm im Lager)

Bibel:

Hast du gehört? Das ist ein Wendepunkt!
Wie bang mir ist!

Phantasie:

             Um Beide?

Bibel:

                       Ja, um Beide!

    (mit zusammengelegten und erhobenen Händen einige Schritte auf die
      Phantasie zu tuend)

Nicht etwa, daß ich zweifle; nein, o nein!
Denn was die Andern nur im Worte fassen,
Das habe ich in Wirklichkeit erfaßt,
Und Gottes Wege sind mir wohlbekannt,
Jedoch die Schläge deines Riesenhammers,
Die möchte ich dem Vater gern ersparen,
Weil sie ja schon den Sohn getroffen haben — — —

Phantasie (einfallend):

Ersparen willst du? Meine Schülerin?
Was wurde d i r erspart? Als Weib? Als Mutter?!

       (sehr ernst, unter leisen, getragenen Harfenklängen)

Wenn meine Zeit hier abgelaufen ist
Und ich zurück zum Herrn der Welten kehre,
Sollst du die Seele aller Menschen werden,
An meiner Statt, doch herrlicher als ich.
Wie ich dir jetzt das Leid der Erde bin,
So darf ich dann die Seligkeit dir sein,
Die unserm harten, trotzigen Geschlecht
23 Nur durch das Kreuz gegeben werden kann.

Du hatteſt ſchwer an dieſem Kreuz zu tragen. 24

Nicht einen Schmerz, den ich dir ſparen konnte,

Nicht eine Qual, von der ich dich erlöſte,

Und ſelbſt noch heut, an deinem größten Tage,

Der dir verlorne Welten wiedergibt,

Biſt du gezwungen, dich zu überwinden

Und dich zu beugen, wo du ſiegen ſollſt.

Und du, der nichts und nichts erlaſſen wurde,

Die Alles trug, was Menſchen tragen können,

Du willſt erſparen, willſt verzeihen! Wem?

Warum grad dem?

Bibel:

Weil ich nicht anders kann!
(fährt demütig fort)

Wenn unſer Herr mir einſt befehlen ſollte,

An deiner Stelle hier zurückzubleiben,

So würde ich nur dann gehorchen können,

Wenn ich vergeben und vergeſſen dürfte,

Wo du, die Strenge, zu beſtrafen haſt.

Gibt es denn keinen andern Weg empor

Als nur das Elend und die Schmach der Erde?

Ich will die Seele nicht des Tigers ſein

Und nicht des Löwen, ſei er noch ſo edel.

Nur Menſchen, Menſchen kann ich aufwärts führen,

Barbaren und Heloten aber nicht,

Zwar Menſchen, die im Schmerz geläutert ſind,

Gehämmert, wie in deiner Geiſterſchmiede,

Doch nicht gemartert und gequält wie — — — heut!

Phantaſie (tief bewegt, beſchattet die Augen mit der Hand, als ob ſie in die Ferne ſchaue)

Ich ſehe es: Es kommt — — — es kommt — — — es kommt,

Das hohe, edle, wahre Menſchentum.

Es iſt ſchon unterwegs. Die Sterne leuchten, 51

Und tausend Sonnen rüsten sich zum Tage.
Wenn er erscheint, dann scheide ich von hinnen
    (die Hände auf das gesenkte Haupt der Bibel legend)
Und segne dich, die Gottesgnade, ein.
Wie war es doch? Wie sagte ich zu dir?
Du sollst die Seele aller Menschen werden,
An meiner Statt, doch herrlicher als ich.
Noch herrlicher! Allein durch diese Gnade!
        (zieht die Bibel an sich)
Wohlan, ich nehme dich in meine Arme
Und klage mich vor dir der Härte an — — —

Bibel (einfallend):

Sie lag in Raum und Zeit, doch nicht in dir!

Phantasie:

So wird der Gütige sie mir verzeihen — — —
        (im Lager drüben krachen Freudenschüsse)

Bibel:

Man schießt bereits.

Phantasie:

                Es ist vorüber.

Bibel:

                        Horch!
        (Beide lauschen)

Es kommt Jemand.

Phantasie:

                Die „Seele".

Bibel:

Schefaka!

────────

Zweiter Auftritt.

Die Phantasie. Die Bibel. Schĕfakā kommt, in Eile und Aufregung.

Schĕfakā:

Ich bringe Botschaft — — — gänzlich außer Atem — — — 65
Ich muß mich setzen — — —

(geht nach dem Throne und läßt sich auf ihn nieder)

So, da sitze ich!

Kommt her!

(winkt sie rechts und links zu sich her)

Doch nein! Es zerrt mich wieder auf!

(verläßt ihren Sitz und geht, lebhaft gestikulierend, hin und her)

Wenn ich bewegt bin, muß ich mich bewegen!

(spricht in kurzen Absätzen, mit Zwischenpausen, während die Phantasie stehen bleibt, die Bibel aber nach dem Alabaster geht, um sich niederzusetzen)

Sie ist noch gar nicht tot — — — sie lebt vielleicht — — —
Sie lebt sogar wahrscheinlich — — — ganz gewiß! — — —
Doch darf sie niemals, niemals wieder her — — —
Auch wenn sie wollte — — — ihres Glaubens wegen:
Das ist beschlossen worden — — — abgemacht!

Phantasie:

Du sprichst von Bēnt'ullāh?

Schĕfakā (bejahend):

Von Bēnt'ullāh — — —

Von der Verstoßenen — — — Ich liebe sie — — — 75
Zwar heimlich — — — aber doch!

☙ 113 ☙

Bibel (in deren Nähe Schéfakā grad kommt, sie liebkosend):

Du bist die Seele!

Schéfakā (zornig):

Mir Alles gleich — — — nur keine An'allāh!

(gedämpften Tones, heimlich tuend)

Dem Kādi soll es schlimm ergangen sein,

Auch dem Imām — — — vom Scheik! — — — Man hat gehorcht!

Doch öffentlich sind sie die besten Freunde — — —

Und Alles bleibt beim Alten — — — auch das Schach.

(wieder laut)

Das wird ein stolzes, imposantes Spiel.

Soll ich euch sagen, wie und wo?

Phantasie:

Wir hören!

Schéfakā (stellt sich breitspurig hin und zeichnet mit weit ausgestreckten Armen
zu dem, was sie sagt, die Linien)

Da draußen in dem Sande von Achkām,

Sind vierundsechzig Felder abgeteilt,

Auf denen

(erst nach links und dann nach rechts)

hier — — — und hier — — — Figuren stehen.

Und vor den Feldern, also — — — hier und — — — hier,

Sind köstliche Altane hochgebaut,

Mit bunten Teppichen aus Fārahān,

Wo

(zeigt wieder nach links und nach rechts)

da der Scheik und — — — da die Here sitzt,

Um ihre Züge laut zu kommandieren.

(im Hintergrunde erscheint der Scheik der Todeskarawane. Die Phan=
tasie setzt sich auf den Thron. Die Bibel, welche auf dem Alabaster
sitzt, zieht sofort den Schleier über ihr Gesicht. Schéfakā aber fährt,
ohne den Ankömmling zu bemerken, in ihrer Beschreibung fort)

Die kämpfenden Figuren sind zu Pferde,

Und jeder Zug erfordert Reiterkünste,

Bei denen wir den Feind beschämen würden,
Wenn nicht der Scheik der Todeskarawane
Das Schach zu reiten übernommen hätte.
Ich habe mich zunächst vor ihm gefürchtet;
Dann habe ich mich bloß nur noch gescheut,
Und jetzt kann ich schon leiblich mit ihm reden,
Doch für die Rolle, die er spielen soll,
Ist er gewiß und sicher unbefähigt;
Das sieht man ihm ja schon von Weitem an!

―――――――

Dritter Auftritt.

Die Vorigen.
Der Scheik der Todeskarawane, der sich leise und langsam ge=
nähert hat und nun hinter ihr steht.

Scheik der Todeskarawane (heiter):

108   Das Schreckenskind! Sieht es von Weitem schon!

Schēfakā (fährt zusammen, sieht sich um, weicht zurück):

Allāh, Allāh! Die Todeskarawane!

Ich bin belauscht! Ich muß mich wieder setzen!

(flüchtet sich nach dem Sitze ihres Vaters, auf den sie halb sich fallen
läßt und halb wirklich fällt, weil er so niedrig ist. Hierüber erschrocken,
schreit sie auf)

Das ist sehr tief!

Scheik der Todeskarawane:

Wie es der Seele ziemt!

Schēfakā (will ihn widerlegen):

Sie ist doch Königin!

Scheik der Todeskarawane:

O nein!

Schēfakā:

Was sonst!

Scheik der Todeskarawane:

Sie ist die niedrigste der Dienerinnen,

109   Die niedrigste, die ich mir denken kann,

Doch an der Seite deſſen, der ſie führt,
Steigt ſie empor zum höchſten aller Throne.

Schĕfakā:

Und der ſie führt?

Scheik der Todeskarawane:

Das iſt der Geiſt.

Schĕfakā (ſchnell):

Der Scheik!

Scheik der Todeskarawane (ohne dieſe ihre Meinung zu beachten):

Doch dient auch er.

Schĕfakā:

Ich denke, er beherrſcht?

Scheik der Todeskarawane:

Nur ſich allein, als höchſter aller Fürſten.
Doch aber, wenn er in die Tiefe ſteigt,
Um die verlorne Seele heimzuführen,
Dann wird er Knecht, der niedrigſte der Knechte,
Und wenn ihn nicht die Gnade Gottes hält,
Iſt er verloren — — — unten — — — wie die Seele!

Schĕfakā (ſpringt auf, iſt ernſt geworden)

„Und wenn ihn nicht — — — die Gnade Gottes hält,
Iſt er verloren — — — unten — — — wie die Seele!"
Wie klingt mir das! Mir grauſt vor dieſem Worte!
Wozu dann dieſer kalte, ſchwere Schmuck?
Wenn ich nur dienen ſoll, ſo iſt er Lüge!

Scheik der Todeskarawane:

So wirf ihn ab, und mach dich frei von ihm!

Schēfakā (langsamen Schrittes rückwärts gehend, sieht ihn mit großen Augen an)

126 Ich leg ihn ab — — — ich leg ihn wirklich ab — — —
Ich traue dir!

Phantasie:

Das sollst du auch, mein Kind!

Bibel (steht von ihrem Sitze auf, zu Schēfakā):

Gib her den Schmuck, das Kleid, die ganze Lüge!
Komm in den Turm, damit ich dich befreie
Und deine Last auf meine Schultern nehme,
Für kurze Zeit — — —
                    (zur Phantasie)
                wenn du erlaubst!

Phantasie:

131   Du darfst!

Die Bibel nimmt Schēfakā bei der Hand und verschwindet mit ihr in der Frauenabteilung des Zeltes.

———————

Vierter Auftritt.

Die Phantasie. Der Scheik der Todeskarawane.

Scheik der Todeskarawane:

Wir sind allein. Du bist — — —?   132

Phantasie (lächelnd):

Die Phantasie.

Scheik der Todeskarawane (nicht beistimmend):

„Die im Gefilde von Sitāra wohnt,
Dem hochgelegnen Tal der Sternenblumen;"
Jawohl, jawohl; das wußte ich bereits.
Jedoch da oben liegt auch Mārdistān
Und auch Kulūb, mit seiner Geisterschmiede.
Da lag ich einst, gefesselt und geknebelt,
Im Feuer — — in der Glut — — um Stahl zu werden — —
Und alle Hämmer schlugen auf mich ein — —
Doch war ich still — — ich trug die Qual und schwieg — —
Und als die Lohe meine Seele faßte,
Die man mir nehmen, mir entreißen wollte,
Da schrie ich auf, doch nur in meinem Innern,
Zu Gott, dem Herrn, daß er mir helfen möge.
Da schwanden mir die Sinne, und ich sah
Vor mir ein gütig=mildes Angesicht
Und hörte eine Stimme, die mich bat,
Nur stark zu sein und mutig auszuharren,   149

150 Dann werde die Erlöfung fich vollenden.
Und heut erkenne ich dein Angeficht
Und deine Stimme. Du bift es geweſen!

Phantaſie (mit dem Finger auf ihn zeigend):

Als deine Phantaſie. Du haſt gehört:
Ich heiße ftets wie der, dem ich mich füge.

Scheik der Todeskarawane:

Als meine Phantaſie! Wenn du fie wärſt!
Ich würde dich aus tiefſtem Herzen bitten,
Führ mich zurück in mein vergangnes Leben
Und dann hinab
          (auf den Turm zeigend)
    in diefen Turm zu fteigen,
Um mir zu offenbaren, wer ich bin.

Phantaſie:

Ich will es tun, doch nur, ſo weit ich darf.
Wer in Kulūb zum Geiſt geſchmiedet wurde,
Der braucht nur Fingerzeige, weiter nichts.

Scheik der Todeskarawane:

So will ich kurz und auch nur wenig fragen.
Stamm ich von hier?

Phantaſie:

        Du biſt der Sohn des Scheikes.

Scheik der Todeskarawane:

Und der Beweis?

Phantaſie:

165   Den haſt du ſelbſt zu finden.

Scheik der Todeskarawane:

Und zweitens meine Mutter?

Phantaſie:

Iſt dir nahe.

Scheik der Todeskarawane (freudig):

Ich danke dir, ich danke dir! Mir nahe!
Sie lebt! Sie lebt! Schon das iſt mir genug!
(wieder ſachlich)
Und drittens, gibt es unten in dem Turme
Wohl einen Saal mit einem Drachenbilde,
Vom Boden bis hinauf zur Decke reichend,
Den aufgeſperrten Rachen voller Zähne?

Phantaſie:

Das iſt Kitāl, das Götzenbild des Kampfes,
In tiefem Blute ſtehend dargeſtellt.

Scheik der Todeskarawane:

So doch, ſo doch! Wie leicht wird mir, wie leicht!
Ich kam ſo völlig ahnungslos hierher,
Daß Alles, was ich ſah, mich nur verwirrte,
Doch aber nun, nun wird es klar in mir,
Und unſer Schach wird noch ganz anders enden,
Als ich erwartete — — — und wohl auch du!

Phantaſie (gütig):

Und wohl auch ich?

Scheik der Todeskarawane:

Du ſahſt mich in Kulūb,
So kennſt du mich, ſo weißt du, wer ich bin!
Ich reite Schach, zwar für die An'allāh — — —

Phantaſie (einfallend):

Und aber doch für Mārah Dürimēh!

❦ 121 ❦

Scheik der Todeskarawane:

185   Ganz so, wie du!

Phantasie:

O nein, doch etwas anders!

Scheik der Todeskarawane:

Doch aber geistig, nicht im Sande draußen,
Und auch nicht morgen oder übermorgen,
Schon heut, schon hier, so meisterhaft, so zwingend,
Daß ich, bevor das Schattenspiel begann,
Schon wußte, wer dich leitet — — —

Phantasie (scherzend):

190   Eure „Hexe!"

———

Fünfter Auftritt.

Die Vorigen. Schĕfakā kommt zurück, wieder wie gewöhnlich gekleidet.

Schĕfakā:

Ich komme ganz allein. Sie bleibt noch unten. 191
> (zum Scheik der Todeskarawane)

Sie ist mein Gast. Sie wohnt in meinem Zelte.
Ich lud sie ein, weil ich sie liebe,
> (sich an die Phantasie schmiegend)
>> Beide!

Phantasie:

Sie legt den Schmuck sich an?

Schĕfakā:

> Ja; denke dir!
Ich wollte helfen, doch sie litt es nicht.
Sie schickte mich herauf; ich sei da nötig. 196
> (macht sich an das Ordnen der Kissen, der Pfeifen, des Geschirres
> u. s. w. zum Empfange der erwarteten Verbündeten).

Sechster Auftritt.

Die Vorigen. Der Ḥāḳawāti.

Ḥāḳawāti:

197 Ich sah in meiner Einsamkeit die Feuer,
Die in der Ferne, rund im Kreise, glühen
Und uns die Nähe der Entscheidung künden.
Da wollte ich bei Menschen sein.

Scheik der Todeskarawane (reicht ihm den Arm, um ihn an seinen
Platz zu führen):

So komm!

(läßt ihn niedersitzen und bereitet ihm sorgsam den Tschibuk. Man
hört Stimmen, welche sich nähern)

Schēfaka (hinausschauend):

201 Das ist des Vaters Stimme — — — und der Scheik.

———————

Siebenter Auftritt.

Die Vorigen. Der Scheik. Babel.

Der Scheik (sehr angeregt, die Peitsche in der Hand):

Ein Bote ist aus Ūmm Welād erschienen,   202

Zu sagen, daß die acht Erwarteten

Bei Tages Ende abgeritten seien.

Babel:

Sie können also jeden Augenblick

Im Lager drüben zu empfangen sein.

Man bringt sie uns herüber.

  (setzt sich an seinen Platz und beschäftigt sich sofort mit den Büchern und Figuren)

Schēfakā:

       Māschallāh,

Da muß ich eilen!

  (gibt dem Scheik der Todeskarawane eine Kulle in die Hand)

     Hole Wasser! Schnell!

  (er gehorcht, aber ruhig und lächelnd)

Scheik (zur Phantasie, die auf dem Throne saß, nun aber aufgestanden ist):

Ich suchte dich und finde dich erst hier.

Du hast die Schattenspieler unterwiesen,

Mich über Bēnt'ullāh zu unterrichten,

Und wußtest also, was geschehen war.   212

Wie kamst du zu der Wissenschaft?

Phantasie:

                                          Sehr leicht.

Ich habe sie aus allerbester Quelle,
Das heißt vom Kadi und von dem Imām.

Scheik:

Das leugnen sie.

Phantasie:

             Sie sprachen miteinander.
Ich hörte es, nur sahen sie mich nicht.

Scheik:

Die Folgen konntest du wohl nicht berechnen,
Doch sind sie glücklich abgewendet worden,
Und darum bin ich wohl mit dir zufrieden.
Du hast es völlig meisterhaft verstanden,
Ganz ohne Vorbereitung mich zu fassen,
Mich aufzuwühlen und mir einzuflüstern,
Grad das zu tun, was ich verwerfen muß.
Wird dir das bei den Feinden auch gelingen?

Phantasie:

Noch besser als bei dir!

Scheik (ihr die Hand hinhaltend, in die sie einschlägt)
                    So nimm die Hand.
Ich bitte dich, mir Helferin zu sein.
Du wirst der alten Hexe zugesellt,
Um Alles zu erfahren, was sie spricht.
Das liefert Stoff zu einem Schattenspiel,
In welchem du — — —

Phantasie (einfallend):

231
           Den habe ich bereits!

Scheik (schnell, sich freuend):

Und ist er gut? Für meinen Zweck geeignet?
Er muß die Feinde dergestalt erregen,
Daß sie die Pflicht der Gastlichkeit verletzen,
Sich mit den Waffen gegen uns empören
Und dann von uns — — —
        (hält inne und fährt dann vorsichtiger fort)
        Du weißt es, was ich will!

Phantasie:

Sei ohne Sorge, ohne alle Sorge!
Du wirst das Spiel noch eher kennen lernen,
Als sich die Gäste heut zur Ruhe legen,
Und sicher einverstanden mit ihm sein.

Scheik (anerkennend, zu Babel):

Ein Teufelsweib, die Phantasie!

Babel (auf sie deutend):

        Ja, diese!

Scheik (zur Phantasie, wichtig tuend):

Wie wäre es, wenn du im Schattenspiel
Die Bibel bringen könntest — — — in Gestalt — — —
In weiblicher — — — die Feinde zu empören?
Nichts besser wohl als das! Von mir erdacht!
Man ist doch Geist!

Phantasie (schlicht):

        Die Bibel ist schon da.

Scheik (erstaunt):

Schon da? Schon da?

Phantasie:

        Hast du sie nicht gesehen?

Scheik:

Gesehen?

Phantasie:

      Nicht gehört?

Scheik:

               Sogar gehört?

Phantasie:

Sie durfte euch die heilge Fāt'ha beten,
Weil diese ganz im Sinn der Bibel ist.

Scheik:

Das war die Bibel?!

               (rundum)

          Hört ihr es, die Bibel,
Die mir das Ūmehā verleidet hat,
Das Schnarren und das Knarren im Gebete!
Von heute an will ich es nicht mehr hören.

          (zur Phantasie)

Doch aber hoffe und erwarte ich,
Du meinst die Bibel alten Testamentes;
Das neue untersagt uns der Kurān. —
Und dann noch Eins, von großer Wichtigkeit:
Versuche bei der Hexe zu erlauschen,
In welcherlei Verkleidung oder Maske
Der Geist des Abendlandes sich versteckt!

      (drohend, mit entsprechender Gebärde)

Ich ziehe ihn hervor! An beiden Ohren!
Damit er ihre Züge nicht verändert
Und mich mit fremden Finten überrascht.

           (erklärend)

Sie läßt den Gegner Zug um Zug gewinnen,
Bis fast zuletzt; dann aber greift sie ein,
Läßt Schlag auf Schlag und Stoß auf Stoß erfolgen
Und haut ihn endlich māt zu Boden nieder.
Das ist ihr Tric, an dem man sie erkennt.

Doch gegen mich wird er vergeblich sein.

Ich habe schon gezogen, wie ihr wißt,
Und bin doch Geist — — sie aber höchstens — — Seele!

Hâkawâti (die eigenen Worte des Scheikes bringend):

Das alte Märchen! Immer nur dies Märchen!

Schefakâ (zum Hâkawâti):

So laß ihn doch!

Hâkawâti:

Er hat kein Recht dazu!

Babel (sehr bestimmt):

Er hat das Recht. Ich weiß es. Ich bin Babel!

Phantasie (warnend):

Der seinen Geist wie Sâlmanâssar kleidet
Und seine Seele wie Schamûramât.
Ich warne euch!

(auf Schefakâ deutend)

Seht euch die Seele an!
Sie hat den Tand freiwillig abgelegt.

(zum Scheik)

Ich rate dir, dasselbe auch zu tun!

Scheik (hochfahrend):

Du meinst den Mantel von Elîssa?

Phantasie (langsam nach dem Zelte gehend):

Ja.

Scheik:

Den goldnen Reif von Eridû?

Phantasie:

Auch den.

Scheik:

Die Schlangenhaut — — —

Phantaſie (einfallend):

283   Sogar die Suri-Klinge.

Scheik (erſtaunt):

Sie weiß wahrhaftig Alles, Alles, Alles!

Phantaſie:

Und nicht nur das! Drum warne ich, o Scheik,
Denn wenn die Hexe des Schatrāndſch erſcheint,
So wird ſie dir den König bald entblößen.
Das iſt der Tric, von dem du eben ſprachſt,
Mit andern Worten zwar, jedoch derſelbe.
Halt feſt, halt feſt den täuſchenden Ornāt,

291   Denn wenn er fällt, muß ſich die Wahrheit zeigen!

          (verſchwindet in der Frauenabteilung des Zeltes)

Achter Auftritt.

Die Vorigen ohne die Phantasie. Der Neger kommt.

Vorbeter:

Die acht Verbündeten sind angekommen. 292
Soll ich sie bringen?

Scheik:

Ja. Im Festeszug! 293
(Vorbeter ab)

Neunter Auftritt.

Die Vorigen, ohne den Vorbeter.

Babel (froh):

294   Allāh sei Dank! Sie kommen!

Schēfakā:

Alle Acht!

Babel:

Nun wird das Herz mir leicht!

Scheik:

Es war dir schwer?

Babel:

Doch dir das deine auch! Du wirst nicht leugnen!

Scheik:

So ist die Freude umso größer nun,
Daß ich nicht falsch, nicht fehl gerechnet habe.
Die Phantasie mag bangen um den Geist,
Doch aber ich, ich kenne mich genau
Und lasse mir den König nicht entblößen.
       (zum Scheik der Todeskarawane)
Und der bist du! Das weißt du wohl?

Scheik der Todeskarawane:

302   Genau!
   (im Lager drüben wird es laut. Man hört Musik, einen arabischen
 Marsch)

Scheik:

Ich prüfe dich vorher!

Scheik der Todeskarawane:

Ich bin bereit. 303

Scheik:

Und beine Leute auch! Doch ist es leicht,
Durch Ungeschick und Lumpigkeit zu wirken.

(der Zug nähert sich)

Babel (auffspringend, zu Schēfakā, welche zur Kulisse hinausschaut):

Sie kommen?

Schēfakā:

Ja, sie kommen.

Scheik (treibt allerlei Volk, welches dem Zuge vorausgeeilt ist und sich her-
beibrängen will, mit der Peitsche hinaus)

Platz für sie. 306

Zehnter Auftritt.

Die Vorigen. Der Zug der Gäste.

Voran vier Fackelträger, welche ihre bis zum Schluß nötigen Fackeln an Ort und Stelle zu bringen und sich dann zu entfernen haben. Nach ihnen der schwarze Vorbeter als Zeremonienmeister. Hinter ihm die Musik. Hierauf die Scheike der acht Stämme, auf deren Beistand Abū Kitāl so sicher rechnet. Diesem folgen die bereits bekannten Aeltesten der An'allāh mit allen den Personen, die bei der Nachmittagsberatung die Staffage bildeten.

Der Scheik steht in stolzer Haltung am Throne, die Peitsche in der Hand. Die acht Anführer bleiben im Hintergrunde stehen. Der Schwarze schreitet würdevoll bis dorthin, wo ihre Kissen liegen, um dann jedem Einzelnen von ihnen seinen Platz anzuweisen. Ist dies geschehen, so entfernt er sich, um später zum Gebete wieder zu kommen. Die Aeltesten suchen zwar sofort ihre Plätze auf, setzen sich aber nicht eher, als bis die acht Scheike sich alle niedergelassen haben. Die Musik macht mit den Uebrigen die Runde und stellt sich wie am Nachmittage auf. Dann gibt der Scheik das Zeichen, still zu sein.

Scheik:

807   Ich bin Abū Kitāl, des Kampfes Vater,

Der Scheik der Beduinen An'allāh,

Und heiße euch willkommen.

(winkt nach den Sitzen)

Nehmet Platz!

Erster Scheik (vortretend):

Ich bin der Scheik der tapfern Haïnīn

Und grüße dich!

Scheik:

811   Ich danke dir, o Scheik!

(der Gast bekommt vom Vorbeter sein Kissen angewiesen und setzt sich)

Zweiter Scheik (tritt vor): 312

Ich kommandiere die Munāfikīn
Und grüße dich!

Scheik:

Ich danke dir, o Scheik!
(der Gast bekommt vom Vorbeter sein Kissen angewiesen und setzt sich)

Dritter Scheik:

Ich bin der Scheik des Stammes Gēr Amīn
Und grüße dich!

Scheik:

Ich danke dir, o Scheik!
(der Gast bekommt vom Vorbeter sein Kissen angewiesen und setzt sich)

Vierter Scheik:

Ich bin der Scheik der treuen Bēni Hār
Und grüße dich ergebenst!

Scheik:

Danke, danke!
(der Gast bekommt u. s. w.)

Fünfter Scheik:

Ich bin der Scheik der Stämme der Schukūk
Und grüße dich von ihnen!

Scheik:

Meinen Dank!
(der Gast bekommt u. s. w.)

Sechster Scheik:

Ich bin der Scheik des Stammes Ūkalā
Und sage meinen Gruß!

Scheik:

Ich lobe dich! 321
(der Gast bekommt u. s. w.

Siebenter Scheik:

Ich bin der Scheik der Stämme der Schuttär
Und bringe ihren Gruß!

Scheik:

Ich rühme dich!
(der Gaſt bekommt u. ſ. w.)

Achter Scheik:

Ich bin der Scheik des Stammes Ḥukamā;
Er grüßt Abū Kitāl!

Scheik:

Ich preiſe dich!
(der Gaſt bekommt u. ſ. w.)

Imām:

Ich bin der heilge Glaube, der Imām!
(ſetzt ſich)

Kādi:

Ich bin der Kādi, die Gerechtigkeit!
(ſetzt ſich)

Babel:

Ich bin die Wiſſenſchaft und heiße Babel.
(ſetzt ſich auf ſeinen Platz)

Ḥākawāti (richtet ſich mit Hilfe von Schēfakā von ſeinem Sitze auf):

Ich bin das Märchen; weiter bin ich nichts!
(ſetzt ſich wieder nieder)

(der Scheik der Todeskarawane macht hier und da den Verſuch, einen
Platz zu bekommen, wird aber überall ſo ſcheel angeſehen, daß er es
vorzieht, weiterzugehen. Da nimmt Schēfakā ihn reſolut bei der Hand,
führt ihn nach dem Zelte, ſchlägt den Vorhang der Männerabteilung
zurück und weiſt ihm da einen beſſeren Sitz an, als er da außen hätte
finden können. Er ſitzt da wie auf einer herrſchaftlichen Tribüne, von
der aus er Alles überſchauen kann. Zu gleicher Zeit wird nebenan auch
die Gardine der Frauenabteilung zurückgeſchlagen, und man ſieht die
Phantaſie und die Bibel, welche der Beratung zuſchauen wollen. Letztere
iſt verſchleiert, und zwar ſo, daß der leichte, weiße Stoff die ganze Ge=
ſtalt umhüllt und man nicht bemerkt, daß ſie jetzt an Schēfakā's Stelle
das ſogenannte „Gewand der Seele" trägt, alſo den Schmuck, den, wie
der Scheik ſich ausdrückte, „einſt Bēnt'ullāh in heiligen Stunden trug."

So haben also grad diejenigen drei Personen den Eingang zum Turm
der An'allāh ausgeantwortet bekommen, denen er durch den geplanten,
blutigen Krieg verwehrt werden soll. Und der „Vater des Kampfes"
hat inzwischen gesprochen und spricht weiter, ohne von diesen drei Per-
sonen im Zelte hinter sich Notiz zu nehmen)

Scheik:

Noch einmal rufe ich euch zu: „Willkommen!"   330
Und sage Dank für euer Hiererscheinen.
Im Lager drüben wird das Mahl bereitet.
Inzwischen werde der Tschibuk gereicht
Und die Beratung pünktlich vorgenommen;
　　　　　　(nach dem Himmel zeigend)
Das Firmament steht grad auf Mitternacht.
Doch, solltet ihr vielleicht ermüdet sein — — —

Erster Scheik (einfallend):

O nein!

Zweiter Scheik:

　　　O nein!

Dritter Scheik:

　　　　　　Beginne nur!

Vierter Scheik:

　　　　　　　　Beginne!

Scheik:

Um was es sich hier handelt, wißt ihr schon;
Ihr seid durch meine Boten unterrichtet.
Doch soll der Fall noch klar beleuchtet werden,
Von dem Imām, von Babel und von mir,
Und Jeder wird nach seinem Stande sprechen,
Um euch die heilgen Rechte zu erklären,
Die wir auf unser Morgenland besitzen,
Und darauf folgend auch die heilge Pflicht,
Das Abendland mit seinem Christentum   346

347 Wenn nötig, mit Gewalt zurückzuweisen.
Es spreche der Imām!

Fünfter Scheik:

Er spreche!

Alle (durcheinander):

Er spreche!

Imām (erhebt sich von seinem Platze und geht nach dem „Teppich der Rede"):

Ich spreche hier als unser heilger Glaube,
Der im Kurān zur Erde niederkam,
Um uns den Weg zum Paradies zu zeigen.
Es gibt für uns nur diesen einen Weg.
Wir nennen ihn den heiligen Islām,
Der für die Erde Kraft und Tapferkeit,
Für später Glauben und Ergebung fordert.
Er war verkündet schon den ersten Menschen.
Die großen Väter und Propheten alle,
Von denen uns die heilge Schrift erzählt,
Versuchten, ihn zu lehren und zu wandeln,
Doch, was sie fanden, war die Richtung nur;
Der Pfad an sich blieb ihnen stets verborgen.

. . . .

Da kam der mächtigste der Vorverkünder,
Der Wunder ohne Gleichen sprechen ließ,
Ich meine Īsa[1]), den Marien-Sohn,
Der sah den Weg, doch ging er stolz vorüber.
Er ragte hoch in die Unendlichkeit,
Und seine Füße schritten über Sterne.
„Mein Reich ist nicht von dieser Welt," sprach er,
Der weiter dachte, als an Paradiese;
370 Dann stieg er über Grab und Tod hinaus,

---

[1]) Jesus.

Hinauf zu dem, den Niemand je erreicht.
Das war der messianische Verzicht
Auf jedes Schollenrecht an diese Erde,
Und wer nicht stark genug ist, zu entsagen,
Der sei auch nicht so kühn, sich Christ zu nennen!

. . . .

Für uns steht Isa Himmelreich zu hoch,
Als daß wir es im Sprung erreichen möchten.
Wir gehn den Weg, der keine Flügel fordert,
Den alten Weg der Väter und Propheten,
Den Isa nur als Gottes Sohn vermied
Und den Muhāmmad dann nach ihm betrat,
Damit Allāh für seine Menschenkinder
Nicht als Phantom nur in den Lüften schwebe.
Der Eine predigt abgeklärten Geistern;
Der Andre wird den Lebenden gerecht,
Indem er den granitnen Sockel baut,
Auf dem der Glaube festen Halt gewinnt,
Um seine Hand nach oben auszustrecken.
Für Sterbliche ist Isa Himmelreich
Nicht ohne Erdenfundament zu denken,
Und dieses Fundament ist der Islām,
Der Gottes Reich auf strenge Felsen baut,
Damit der Himmel nicht zusammenbreche.

. . . .

So wollen wir denn mit der Christenheit
Im Sinne ihres Welterlösers teilen:
Für sie das ganze, ganze Himmelreich
Mit Allem, was da oben strahlt und schimmert;
Für uns sei nur die winzig kleine Erde,
Die jeder Christ als Jammertal bezeichnet,
Aus dem das ewige Verderben gähne.
Dies Jammertal ist unser Paradies,

Und dies Verderben unfre Seligkeit.
Ihr hört, ihr meine tapfern An'allāh:
Für sie den Himmel und für uns die Hölle!
Das müssen doch selbst sie bescheiden nennen!
Ihr seid mit dieser Teilung einverstanden?

Scheik (als Vorstimme der Andern):

Für sie den Himmel und für uns die Hölle!

Erster Scheik:

Für sie den Himmel!

Zweiter Scheik:

Für sie den Himmel!

Dritter Scheik:

Für sie den Himmel!

Vierter Scheik:

Für sie den Himmel!

Fünfter Scheik:

Für uns die Hölle!

Sechster Scheik:

Für uns die Hölle!

Siebenter Scheik:

Für uns die Hölle!

Achter Scheik:

Für uns die Hölle

Imām:

Ich danke euch, ihr Tapfern, danke euch!
411 Es ist der Stolz des Stammes An'allāh — — —

Erster Scheik (fällt da schnell ein):

Nur Euer Stolz?

Zweiter Scheik:

Nur Euer Stolz?

Die übrigen Scheike (durcheinander):

Nur Euer Stolz?

Imäm (sieht ein, daß er unvorsichtig war, winkt ihnen begütigend zu und fährt fort):

Daß er den Himmel für die Hölle gibt
Und diese Hölle dann zum Himmel macht,
Damit sogar der Teufel selig werde.
Denn dieser war der erste aller Sünder
Und sei nun auch der erste der Erlösten.
Das ist ein Werk für harte, schwere Fäuste,
Die unerbittlich dreinzuschlagen wissen,
Und wenn der Christ, anstatt Verzicht zu leisten,
Uns auch das Jammertal noch nehmen will,
So soll er diese Fäuste kennen lernen.
Wir sind bereit! Wir werden mit ihm fertig!

Erster Aeltester:

Wir sind bereit!

Zweiter Aeltester:

Wir sind bereit!

Dritter Aeltester:

Wir sind bereit!

Alle (durcheinander):

Wir sind bereit!

Erster Scheik:

Wir werden mit ihm fertig!

Zweiter Scheik:

Wir werden mit ihm fertig!

Alle (durcheinander):

Wir werden mit ihm fertig!

(Waffengeklirr, Lärm der Instrumente und die bekannten Interjek=
tionen. Während dieses Lärmes verläßt der Imām den „Teppich der
Rede", um an seinen Platz zurückzukehren, und Babel tritt an seine
Stelle)

Scheik (mit der Peitsche auf den Imām deutend):

426   Das war der Glaube, der gesprochen hat.

(auf Babel zeigend)

Nun kommt die Wissenschaft. Und dann —— —— ——

(klatschend)

komm ich!

Babel:

Es ist verbrieft durch alte Pergamente,
Durch ausgegrabene Papyrusrollen,
Durch mündlich überlieferte Geschichten,
Durch Steine, Platten, Ziegel und Zylinder,
Sogar durch heilge Offenbarungsschriften,
Daß lange vor Beginn der Völkerzeiten
Ein Stamm von Riesen auf der Erde wohnte,
Deß Name lautete: „Ich bin wie Gott!"
Das waren wir, die heutgen An'allāh.
Der Name ist der sicherste Beweis,
Doch gibt es auch noch andere Belege,
Die wissenschaftlich streng geordnet sind
Und sich

(nach dem Turm deutend)

in unserm Schatz, im Turm befinden.
Wir bauten damals Stadt und Festung Babel,
Dazu den Turm, der bis zum Himmel reichte,
Denn Babel heißt „Thor Gottes", nicht „Verwirrung".
Die Stadt wuchs sich zum großen Reiche aus,
Die Menschen aber wurden immer kleiner.
Der Riese wohne in der Einsamkeit;
Am Markt des Lebens muß er schnell verzwergen.

448   Wir waren nicht zur Winzigkeit bestimmt,

Verschenkten Stadt und Reich an arme Leute
Und zogen fort, zurück in unsre Wüste — — —

Scheik (stolz):

Verschenkten Stadt und Reich an arme Leute — — —
(gibt ein Zeichen, diese Worte nachzusprechen)

Alle (jubelnd, unisono):

Verschenkten Stadt und Reich an arme Leute — — —

Scheik:

Und zogen fort, zurück in unsre Wüste!
(gibt dasselbe Zeichen)

Alle (wie oben):

Und zogen fort, zurück in unsre Wüste!

Scheik (hebt die Arme, schaut begeistert empor):

Wie groß von euch, ihr meine An'allâh,
Groß wie der Turm, der bis zum Himmel ragte!
Schaut nicht herab zu uns, um uns zu messen,
Doch bietet mir ein Reich wie Babylon
Und hier dagegen diese eure Größe,
So schwör ich euch, ich gehe und verzichte!

Phantasie (von ihrem Sitz im Zelt aufstehend, hebt warnend den Arm):

Du schwörst, o Scheik!

Scheik (dreht sich nach ihr um, bestätigend):
Ich schwöre!

Babel (ihn bewundernd):
Groß wie immer!

Phantasie:

Wie nun, wenn dich Allâh beim Worte nähme?!

462

Scheik:

463 So würde ich es halten!

(zu Babel)
Babel, weiter!

Babel:

Das war vor vielen, vielen tausend Jahren.
Nun kehren aus der Wüste wir zurück,
Um nach dem Turm der An'allāh zu schauen.
Wir fragen diese Zeit; sie aber schweigt;
Sie senkt das Haupt und deutet auf Ruinen.
Der Völker keins war dieses Baues würdig.
Das Höchste, was die Menschheit je erdachte,
Erreichte kaum die erste seiner Stufen.
Da fuhr der Herr in seinem Zorn herab;
Der Riese fiel zerschmettert vor ihm nieder,
Und Weltenreiche brachen unter ihm.
Sein Körper löste sich in Schutt und Trümmer,
Doch der Gedanke, der ihm innewohnte,
Der Geist also, stammt von uns An'allāh
Und soll im neuen Leibe neu sich strecken,
An ganz demselben Ort, an dem er stand,
Doch nicht gekleidet in denselben Staub,
Der ihn den Zwergen unbegreiflich machte.
Nicht wieder baun wir ihn aus Schlammgefüge,
O nein, granitne Taten brechen wir
Aus dem Gestein der harten Gegenwart
Und türmen sie zum höchsten Himmel auf.
Bricht dann auch dieses zweite Werk zusammen,
So mag Allāh der Zukunft sich erbarmen,
488 Denn Besseres als Taten gibt es nicht!

Scheik (die Hände hochhebend und das Zeichen gebend, diese Worte nachzu=
sprechen):

Denn Besseres als Taten — — —

Alle (unisono, wuchtig):

Gibt es nicht!

Babel (vom „Teppich der Rede" nach seinem Platze zurückkehrend):

Und dieses Beste wollen wir vollbringen!

Scheik:

Wir wollen baun!

Imām:

Wir wollen wieder baun!

Babel:

Nicht einen Turm für heidnische Idole!

Imām:

Nicht eine Warte für den Sternendienst!

Kādi:

Nicht für Allāh ein luftig Hirngespinst!

Scheik:

Und doch für ihn, weil für sein Ebenbild!
Wir wollen baun für den, den er sich dachte,
Als er beschloß: „Laßt uns den Menschen machen!"

Babel:

Wir wollen baun für den Erwarteten,
Von dem die Weisen aller Länder sagen,
Daß er zwar spät, doch sicher kommen werde!

Scheik:

Ein Weltenreich!

Imām:

Das größte aller Zeiten!

Babel:

Weil es von Pol zu Pol sich strecken soll!

Scheik:

503 Für den ersehnten, wahren Erdenherrscher,
Der Geist besitzt, genug für alle Andern,
Und Fäuste,

(die seinen vorzeigend)
um Gebirge zu zerbrechen!

Imãm:

Den Held und Hort, den Riesen des Islãm!

Kãdi:

Den An'allãh, den wahren An'allãh!
(hier stutzen die acht Scheike, und ihre Begeisterung fällt schnell zusammen)

Scheik:

Der uns das Morgenland zu Füßen legt,
Und dann die ganze andre Welt erobert!
Wie klangen doch die fremden Völkerstimmen?
Wer weiß es noch?

Imãm:

Wir Alle!

Kãdi:

Alle!

Alle An'allãh (durcheinander):

Alle!

Scheik:

„Amerika — — —"

Alle An'allãh (unisono):

„Nur für Amerika!"

Scheik:

„Der gelbe Osten — — —"

Alle An'allãh (unisono):

513
„Für die gelbe Rasse!"

Scheik:

„Europa, wahre — — —"

Alle An'allāh (unisono):

„Deine heilgen Güter!"

Scheik:

Und unfre Antwort? Wißt ihr, wie sie lautet?

„Das Morgenland — — —"

Alle An'allāh (unisono):

„Nur für die An'allāh!"

Scheik (erschrocken):

„O nein!

Babel (ebenso erschrocken):

O nein!

Imām (auch erschrocken):

O nein!

Kādi:

Das ist ja falsch!

Scheik (wiederholt, um zu verbessern):

„Das Morgenland — — —"

Alle An'allāh (blind und taub für ihren Fehler):

„Nur für die An'allāh!

(großer Jubel bei den An'allāh, Tusch, Interjektionen. Die acht angeblich Verbündeten springen auf; sie verlassen ihre Plätze und treten von den An'allāh zurück. Da erst merken diese, daß sie so unbesonnen gewesen sind, sich selbst zu verraten. Der Lärm verwandelt sich sofort in tiefe Stille, durch welche voll und scharf die Stimme der Phantasie erklingt)

Phantasie (im Zelte, hoch aufgerichtet, die eigenen Worte des Scheikes wiederholend)

„Sie läßt den Gegner Zug um Zug gewinnen,

Bis fast zuletzt; dann aber greift sie ein,

Läßt Schlag auf Schlag und Stoß auf Stoß erfolgen

Und haut ihn endlich māt zu Boden nieder.
Das ist ihr Trick, an dem man sie erkennt!"

Scheik (in zorniger Verwirrung):

Was sollen diese meine Worte? Sprich!

Phantasie:

Bisher hast du gewonnen, Zug um Zug;
Gib Acht, die Hexe kommt!

Scheik der Todeskarawane:

Man spürt sie schon!

Erster Scheik (der von dem tieferen Sinne dieser Plänkelei keine Ahnung
hat, in kaltem, schneidendem Tone zum Scheik)

„Das Morgenland nur für die An'allāh!"
Was dann für uns?

Zweiter Scheik:

Was dann für uns?

Dritter bis achter Scheik (durcheinander):

Was dann für uns?

Erster Scheik:

Der Bettelstab! Wohl gar die Sklaverei!

Zweiter Scheik:

Der Bettelstab!

Dritter Scheik:

Der Bettelstab!

Vierter Scheik:

Der Bettelstab!

Fünfter bis achter Scheik (durcheinander):

Der Bettelstab!

Zweiter Scheik:

Wohl gar die Sklaverei!

Dritter Scheik:

Wohl gar die Sklaverei!

Vierter bis achter Scheik (durcheinander):

Wohl gar die Sklaverei!

Scheik (höchst verlegen):

Es war ein Fehler, ein Versehen nur!

Imām (beistimmend)

Ein Fehler!

Kādi:

Ein Versehen! Ein — — —

Erster Scheik (scharf, ihm das Wort abschneidend)

Wir wissen!

(zum Scheik)

Leb wohl, ersehnter, wahrer Erdenherrscher!
(geht fort, während draußen die Gebetsbretter geläutet werden)

Zweiter Scheik (zum Scheik):

Der Geist besitzt, genug für alle Andern!
(geht fort)

Dritter Scheik (zum Scheik):

Du Held und Hort!

(geht)

Vierter Scheik (zum Scheik):

Du Riese des Islām!
(schickt sich auch zum Gehen an)

Scheik (den diese plötzliche Absage wie ein Schlag auf den Kopf trifft):

Warum — — — — wieso — — — das ist — — — sie wollen fort!
(springt vor und faßt den vierten Scheik, um ihn zurückzuhalten, wo-
bei die Stimme des Vorbeters schon nahe hinter der Szene zu hören ist)

Du bleibst — — — du bleibst! Ich will es — — — — ich befehle! 538

Vierter Scheik:

539 Befehlen willst du? Mir? Dem Bēni Hār?
Fahr hin, du Knabe! Lerne erst gehorchen!

(schleudert ihn von sich und geht. Der Scheik taumelt einige Schritte
zurück und strauchelt dann nieder. Er ist über diese Niederlage so perplex,
daß er das Aufstehen vergißt und fast tonlos vor sich hinzürnt)

Scheik:

Vergriffen hat er sich an mir! Vergriffen!
Zu Boden mich geschleudert! Mich!

Schēfakā (eilt herbei, um ihn zu unterstützen):

Steh auf!

Phantasie (noch hoch und aufrecht im Zelte):

Nun hast du dir den König selbst entblößt — — —
Herunter mit dem Mantel von Elissa!

Scheik (steht auf, noch ganz konfus, zur Phantasie):

Wie meinst du das?

Schēfakā:

545 Sei still! Der Schwarze kommt!

(führt ihn nach seinem Throne, auf den er sich, wie bewußtlos, niederläßt)

Elfter Auftritt.

Die Vorigen, ohne die ersten vier Scheike. Der Vorbeter, hinter ihm seine Adjutanten und das übrige Gefolge. Er läutet die Hölzer und singt dazu:

Heeehhh alas salāh! Heeehhh alal = felāh! Auf zum Ge=
bete! Auf zum Heile! Heeehhh alas salāh! Heeehhh alal =
felāh! Allāh akbar! Allāh hu!

(Dann kniet er nieder, hinter ihm auch Alle, die mit ihm gekommen
sind. Das Ümehā mit den stupiden Verbeugungen beginnt. Das rüttelt
den Scheik aus dem Zustande halber Betäubung auf. Er fährt empor,
reißt die Peitsche aus dem Gürtel und springt zornig auf den Vor=
beter ein)

Scheik:

Was fällt dir ein, du Wurm, du Laus, du Milbe! 546

Ein solches Schnurren und ein solches Schnarren,

Nachdem du das Gebet der Bibel hörtest!

Bist du verrückt?

Vorbeter (bleibt knieen):

Was soll ich beten, Herr?

Scheik:

Die heilge Fāt'ha, nicht das Ümehā!

Vorbeter (bescheiden, aber fest):

Die Fāt'ha bet ich nicht! 551

Scheik (zunächst erstaunt, daß der Neger überhaupt wagt, Widerstand zu
versuchen)

Du weigerst dich?

Vorbeter:

552   Du haft fie mir verboten!

Scheik:

                    Allerdings,
Und dazu hatte ich mein Recht. Verstanden?
Doch aber jetzt will ich das Gegenteil,
Und was ich will,

                (klatscht)
geschieht; das ist bekannt!

Vorbeter (schaut bittend zu ihm auf):

Verzeih, o Herr! Ich möchte dich bewahren!
Gedenke an das „rasche Ende", Scheik,
Das du mit ihr heraufbeschworen haft!

Scheik:

Nur mein Befehl und nicht mein Ende gilt!

Vorbeter:

Und meine Lippe ist nicht deine Lippe!

Scheik:

Die Fät'ha will ich!
    (schlägt ihm bei der Silbe Fä die Peitsche über den Rücken)

Vorbeter:

                Nein!

Scheik:

                 Die Fät'ha
   (gibt ihm bei derselben Silbe einen zweiten Hieb)

Vorbeter:

                    Nein!

Schefakā (eilt auf den Scheik zu, der schon zum britten Hiebe ausholt,
    und fällt ihm in die Peitsche)

562   O Scheik, o Scheik, du prügelst das Gebet!

Scheik:

Mit vollem Recht, wenn es mir nicht gehorcht.

>(macht sich von ihr los und schlägt den Schwarzen wieder. Schefaka hängt sich an seinen Arm und versucht, ihm die Peitsche zu entreißen. Die Aufregung geht auf alle Anwesenden über. Man ist empört. Man drängt sich herbei. Der Scheik der Todeskarawane verläßt das Zelt, um sich des Bedrängten anzunehmen. Er tut das ruhig, ohne eine Spur von Leidenschaftlichkeit und Uebereile. Die Phantasie und die Bibel bleiben im Zelte. Sie stehen nebeneinander, die Jüngere im Arme der Aelteren.

Imām:

Was das Gebet betrifft, bin ich der Herr.
Ich will das Ūmehā, die Fāt'ha n i c h t !

Kadi:

Und was das Recht, zu strafen, anbelangt,
So habe ich es nur, kein Anderer!

Scheik (grimmig):

Allāh, Allāh, wie lustig das hier wird!
Weil diese Schurken, die gegangen sind,

>(mit der Peitsche hinter den vier Scheiken her drohend)

Nicht taten, was ich mir berechnet hatte,
Wagt es nun gleich der ganze heilge Glaube
Und auch das ganze, liebe, heilge Recht,
Sich von mir loszusagen.

>(spuckt aus)

Pfui der Schande!

>(schleudert Schefaka von sich, so daß sie vor dem Scheik der Todes= karawane niederfällt, deutet auf den Neger und ruft herausfordernd):

Ich peitsche ihn, bis er gehorcht! Verstanden?!
Und wer mich hindern will, der wage es!

>(schlägt weiter auf den Schwarzen ein)

Scheik der Todeskarawane (hebt Schefaka auf und reicht sie ihrem in der Nähe stehenden Vater hin)

Das ist Kitāl, das Drachenungeheuer,
Die niedrige Gewalt, das — — — Menschentier!

Scheik (sich ihm zuwendend und vom Schwarzen ablassend):

578   Kitāl, Kitāl, ganz richtig!   Haft du Mut,

So komm heran, und hol dir meine Peitsche!

Scheik der Todeskarawane:

Wozu denn Mut?   Kitāl ist ungefährlich!

    (er geht langsamen Schrittes auf den Scheik zu, die Augen fest
auf ihn gerichtet)

Phantasie (ruft ihnen zu):

Schon wieder stellt er seinen König bloß.

Herunter mit dem Reif von Ēridū!

    (Die Beiden stehen sich Auge in Auge gegenüber. Der Scheik kann
den Blick des Andern nicht aushalten. Es liegt jene Schuld darin, die
ihn seit langen Jahren quält und peinigt. Die Worte der Phantasie
erlauben ihm, einen Schritt und noch einen zurückzuweichen, um nach
ihr hinzusehen.)

Scheik:

Was will sie nur mit ihrem König immer,

Und mit dem goldnen Reif von Ēridū?!

Hākawāti:

Das weißt du nicht?   Und wagst, dich Geist zu nennen?

    (Dieser Zuruf des alten Märchenerzählers gibt ihm Veranlassung,
abermals einige Schritte nach rückwärts zu tun, scheinbar, um ihn zu
sehen, eigentlich aber, um dem Blicke des Scheikes der Todeskarawane
auszuweichen, der scharf und bohrend auf den seinigen gerichtet ist und
ihn immer weiter treibt, von der Stelle weg, an welcher der Neger ge-
schlagen worden ist. Die Andern alle machen Platz und schauen dem
Vorgange, der sich ganz ähnlich wie im ersten Akte abspielt, mit großer
Spannung zu. Endlich kann der Scheik den unbeweglich auf ihn ge-
richteten Blick nicht länger ertragen)

Scheik (sich zornig aufbäumend):

586   Hinweg mit deinen Augen, Leichenknecht!

Die Peitsche kommt!

Scheik der Todeskarawane (den Blick nicht wendend):

Schlag zu!

Scheik:

Sofort, sofort!

(beim ersten „sofort" holt er aus; bei dem zweiten soll der Hieb fallen, aber der Scheik der Todeskarawane reißt sie ihm mit einem un= erwarteten, blitzschnellen Griff aus der Hand)

Scheik der Todeskarawane (die Peitsche hinter sich hochhaltend)

Hier ist sie schon!

Scheik (auf ihn einbringend):

Zurück mit ihr!

Scheik der Todeskarawane (schleudert ihn von sich)

Mit dir!

Phantasie (mit den eigenen Worten des Scheikes):

Und ich der Scheik, ich bin die heilge Macht,
Die ich symbolisch in die Peitsche lege,
Um anzudeuten, was ich will und
(macht die Armbewegung des Peitscheknallens)
kann!

Scheik der Todeskarawane (die Kurbatsch betrachtend)

Ist das die ganze Macht? Die breche ich
(zerbricht die Peitsche)
Und werfe dir sie in das Angesicht!
(wirft ihm bei der Silbe „An —" die Peitsche in das Gesicht)

Imām (erschrocken):

O Schmach!

Kādi (ebenso):

O Schmach!

Babel (ebenso):

Ein Todesschimpf!

Alle (durcheinander):

Ein Todesschimpf!

Scheik (durch den erneuten Zuruf der Phantasie und die nur durch Blut abzuwaschende Entehrung seines Gesichtes ganz außer sich)

595 Ein Todesschimpf! Gebt mir ein Schwert, ein Schwert!

(reißt einem An'allāh den Säbel aus der Scheide)

Und einen Schild!

(nimmt einem Andern den ledernen Schild)

Und den Dscherīd! Schnell, schnell!

(bemächtigt sich des kurzen Wurfspießes eines Dritten und wendet sich mit diesen Waffen gegen den Scheik der Todeskarawane)

Und nun, du Hund, sink nieder — — — auf die Knie,
Und sprich die Todes=Sure, denn du stirbst!
Abū Kitāl, den Niemand je besiegte,
Holt sich dein Herz und deine Eingeweide
Zum Fraße der Schakāle und Hyänen!

Scheik der Todeskarawane (hält ihm die Brust hin, hebt aber die Faust)

So stich — — —! So stich — — —!

Schĕfakā (abwehrend):

Den Unbewaffneten!

Scheik der Todeskarawane (verächtlich):

Das ist der „Geist", der tausend Waffen braucht,
Um einen schwachen Körper zu vernichten!

Scheik:

Das rettet ihn!

Scheik der Todeskarawane:

Will ich gerettet sein?

606 Ich habe meine Faust, das heißt, mich selbst:
Stich zu!

Schĕfakā:

Nein, nein!

Scheik der Todeskarawane:

Stich zu!

Schēfakā:

Um keinen Preis!

Scheik (wegwerfend):

Ein feiger Hund! Er weiß, daß ich nicht darf!

(auf ihn zeigend)

Gebt einen Säbel, einen Schild und Spieß!
Gebt Waffen ihm, so viel ihr immer wollt!
Ich werde ihn zermalmen!

Schēfakā:

Schone ihn!

(die An'allāh bieten dem Scheik der Todeskarawane die genannten Waffen an, er weist sie aber zurück)

Scheik der Todeskarawane (zu ihnen):

Behaltet eure Wehr!

(zu Schēfakā beruhigend)

Ich fürchte nichts!

Scheik (höhnisch):

Das klingt so kühn — — — die Maske aller Memmen!

(befehlend)

Ein Schwert für ihn, damit er fechten muß!

(es versuchen Mehrere, dem Scheik der Todeskarawane ihre Säbel aufzudrängen. Er weist sie wieder ab. Er steht grad an der Stelle, an der das Heft der in die Erde gestoßenen Klinge aus dem Boden ragt)

Scheik der Todeskarawane (zum Himmel aufblickend):

Verzeih, Allāh, verzeih! Ich bin gezwungen.
Im Erdenblute kreist ein Sonnenleben.
Es soll mir heilig sein!

Scheik (verspottend):

Er phantasiert!

Scheik der Todeskarawane:

618   Doch mit dem Säbel.

(reißt die Klinge aus der Erde)
Nun heran mit dir,

Um zu erfahren, wie ich phantasiere!

Scheik (erschrocken):

Die Klinge des Kismēt! Allāh bewahre!

Babel:

Die Klinge des Kismēt!

Imām:

Die Klinge des Kismēt!

Alle (durcheinander):

Die Klinge des Kismēt!

Scheik:

Die ich vergrub, als wir den Krieg beschlossen!

(zum Scheik der Todeskarawane)

Der Brauch ist dir bekannt?

Scheik der Todeskarawane:

Ich kenne ihn.

Scheik:

Und zogst den Säbel doch!

Scheik der Todeskarawane:

Grab ihn!

Alle (durcheinander, betroffen):

Grab ihn!

Scheik:

So zogst du dir den Tod! Paß auf!

(er bringt bei „auf" mit dem Säbel auf ihn ein)

Scheik der Todskarawane:

625

Paß auf!

(haut ihm bei „auf" den Säbel aus der Hand. Verwundertes Gemurmel)

Phantasie (mit lauter Stimme):

Ich biete Schach dem König!

(mit Nachdruck wiederholend)

Schach, dem König!

Scheik (ohne auf dieses Gebot zu achten, staunend):

Wie war das möglich, Mensch! Paß auf!

(bringt bei „auf" mit dem kurzen Wurfspieß auf ihn ein)

Scheik der Todeskarawane:

Paß auf!

(schlägt ihm bei „auf" den Spieß aus der Hand. Lauteres Gemurmel, fast wie Beifall)

Scheik (betroffen und ergrimmt zugleich):

Es scheint, der Teufel ist mit dir im Bunde.
So schlage ich dich tot! Paß auf!

(holt mit dem Schilde aus und bringt auf ihn ein, um ihn nieder=
zuschmettern)

Scheik der Todeskarawane:

Paß auf!

(nimmt den Säbel in die Linke und schlägt ihm bei der Silbe „auf"
mit der Rechten auch noch den Schild aus der Hand. Das reißt die
Menge hin. Lauter Beifall erschallt. Die bekannten Interjektionen er=
klingen. Der Scheik starrt den Sieger wie abwesend an. Er läßt die
Arme wie Flügel hängen und spreizt alle zehn Finger auseinander. Er
weicht vor ihm zurück, immer weiter zurück, wie vor einem Gespenste.
Der Scheik der Todeskarawane aber bleibt stehen und steckt die Klinge
des Kismet in seinen Gürtelstrick)

Phantasie (zum Scheik):

Nun auch herunter mit der Suri=Klinge!

Scheik (fast stotternd):

Nun auch — — — herunter mit — — —

(er richtet vor Entsetzen über seine für ganz unmöglich gehaltene
Niederlage einen stupiden Blick zur Phantasie hinüber, ist nicht im

Stande, ihre Worte vollständig nachzusprechen, und wankt zum Throne, auf den er wie gebrochen niedersinkt)

Scheik der Todeskarawane (zum Vorbeter):

631   Steh auf und geh!

632   Abū Kitāl wird nie dich wieder schlagen!

(Vorbeter mit seinem Gefolge und den Musikanten ab, die nun nicht mehr am Platze sind und zu andern Rollen verwendet werden können.

_____

Zwölfter Auftritt.

Die Vorigen, ohne den Vorbeter, sein Gefolge und die Musikanten.

Fünfter Scheik:

Nun gehn auch wir! 633

Sechster Scheik:

Auch wir!

Siebenter Scheik:

Auch wir!

Achter Scheik:

Auch wir!

Babel (verlegen):

Ich bitte, doch zu bleiben!

Imām:

Ich bitte, doch zu bleiben!

Kādi:

Ich bitte, doch zu bleiben!

Babel:

Es ist noch viel zu sagen.

Imām:

Es ist noch viel zu sagen.

Kādi:

Es ist noch viel zu sagen. 635

Fünfter Scheik:

Wir wollen nichts mehr hören!

Sechster Scheik:

Nichts mehr!

Siebenter Scheik:

636

Nichts!

Achter Scheik (in entschiedenem Tone):

Wer das Gebet uns mit der Peitsche drillt,
Der kann auf unsre Hilfe niemals rechnen.

Fünfter Scheik:

Drum gehn auch wir!

Sechster Scheik:

Drum gehn auch wir!

Siebenter Scheik:

Drum gehn auch wir!

Achter Scheik:

639

Drum gehn auch wir!

(Einer nach dem andern würdevoll ab.)

———

Dreizehnter Auftritt.

Die Vorigen ohne die vier Scheike.

Scheik (jammert, zusammengesunken auf seinem Throne):

Sie gehn, sie gehn! Das hab ich nicht verdient! 640
Ich war ihr Freund, ihr stets bereiter Helfer!

Scheik der Todeskarawane (ernst, nicht unfreundlich):

Schrei nicht, o Scheik; ich sage dir, schrei nicht!
Denn wer da schreit, ist dieser Qual nicht wert,
Wird weggeworfen, in den Brack und Plunder
Und muß dann wieder eingeschmolzen werden!

Scheik (verstört):

Die Geisterschmiede — —! Fabel — —! Märchen — —!

Phantasie:

Horch!
Kann, was man wirklich hört, ein Märchen sein? 647
    (man hört in der Ferne Hämmer klingen, schwere, mittle und kleine.
Das macht einen ganz eigenen Eindruck. Alle lauschen. Man weiß es
sich nicht zu erklären)

Babel:

648   Das sind doch Hämmer, Schmiedehämmer!

Imām:

                     Hämmer, Schmiedehämmer!

Kādi:

                            Hämmer, Hämmer!

Alle (durcheinander):

                                       Hämmer!

Phantasie (erklärend):

   Der Schmerz erscheint!

Babel (tritt teilnehmend zum Scheik):

                    Fürwahr!

Hakawāti:

                        Die Geisterschmiede!

Scheik (versucht, sich zusammenzuraffen):

   Was soll das Spiel?!

Phantasie:

                Es wird zur Wirklichkeit!
   Wir stehen auf dem Schachbrett Nummer Zwei.
   Bedenke das! Du selbst hast es erfunden!
   Du hast vor allen Dingen zu beweisen,
   Daß du der Geist des Morgenlandes bist,
   Der es versteht, den Geist des Abendlandes
   An beiden Ohren an das Licht zu ziehen!

Scheik (aufbrausend):

   Er komme nur!

Phantasie:

            Er ist schon da!

Scheik:

                  Schon da?

658   So zeige ihn! Grad dazu bist du hier!

Phantasie (tritt aus dem Zelt heraus, geht auf den Scheik der Todes=
karawane zu und richtet ihn gegen den Scheik)

Wenn du befiehlst, so will ich gern gehorchen.

        (wieder die eigenen Worte des Scheikes zitierend)

„Es lagert eine Todeskarawane

Im alten Bette von Abū Hasēf,

Wohl vierzig Männer stark, zerlumpt, zerrissen,

Die Schuftigkeit in jedem Angesicht,

Noch schwimmend im Gestank der Perserleichen,

Die sie nach Mēschhed Hoffēīn gebracht,

Von aller Welt verlassen, ausgestoßen,

Geborne Teufel, jeder Sünde fähig.

Ihr Scheik, zwar noch nicht alt, wie man mir sagt,

Doch ebenso verkommen wie die Andern" — — —

        (nun mit eigenen Worten fortfahrend)

Soll im Turniere euer „König" sein

Und ist doch jener Geist des Abendlandes — — —

Scheik (sie unterbrechend, während der Scheik der Todeskarawane so ruhig,
als ob es sich gar nicht um ihn handle, wieder nach dem Zelte geht
und sich dort niedersetzt)

Halt ein, halt ein! Für solche Art von Scherz

Ist diese Stunde wahrlich nicht geeignet.

Die Freunde haben schmählich mich verlassen,

Obgleich rundum schon ihre Heere lagern,

Und ihr, ihr redet Dinge auf mich ein,

Bei denen der Verstand — — —

Schēfakā (ihn unterbrechend):

           Der Schwarze kommt!

    (Die Phantasie begibt sich wieder in das Zelt.)

Vierzehnter Auftritt.

Die Vorigen. Der Neger.

Vorbeter (meldet):

678   Die Gäste kommen wieder.

Scheik:

                       Welche Gäste?

Vorbeter:

Die ersten Vier, die fortgegangen sind.

Scheik (sofort wieder auflebend):

Das deutet Gutes. Sag, sie sollen kommen!

                (sich besinnend)

681   Doch nein! Noch besser sag, sie dürfen her!

              (Neger ab)

Fünfzehnter Auftritt.

Die Vorigen, ohne den Neger.

Scheik (fortfahrend):

Sie kehren um! Sie haben sich besonnen!　　　　　　682
Doch billig kaufen laß ich mich nun nicht!
　　　　　　　　　(zu den An'allāh)
Ich will nicht weiter zürnen, doch ihr habt
Nun eure Torheit wieder gut zu machen:
Das Morgenland nur für das Morgenland,
Nicht aber einzig für die An'allāh!
　　　　　　　　　(zur Phantasie)
Und deinen Witz vom Geist des Abendlandes
Besprech ich noch mit dir!

Schēfakā (auf die Ankömmlinge deutend)

　　　　　　　　Da sind sie schon!　　　　　　689

Sechzehnter Auftritt.

Die Vorigen.
Die ersten vier Scheike kehren zurück. Sie befinden sich in Auf=
regung.

Scheik (streng):

690   Ihr habt bereut? Und anders auch besonnen?

Erster Scheik:

Bereut?

Zweiter Scheik:

Bereut?

Dritter Scheik (spitzig):

Jawohl bereut!

Vierter Scheik (ebenso):

Jawohl bereut!

Scheik:

692   So will ich sehn, ob ich verzeihen kann!

Erster Scheik:

Verzeihen?

Zweiter Scheik:

Wem?

Scheik:

Doch euch!

Dritter Scheik (erstaunt):

Doch uns!

Vierter Scheik (ebenso):

Doch uns!   693

Erster Scheik:

Du irrst auch jetzt, wie du dich immer irrtest.
Was wir bereuen ist die Nachbarschaft,
Zu welcher wir mit dir gezwungen waren.
Das ist nun aus, Allah sei Dank!

Scheik (betroffen):

Ich staune!

Zweiter Scheik:

Wir können leider jetzt nicht fort von hier.
Schon als wir kamen, brannten rings die Feuer.
Wir glaubten, daß es eure Truppen seien,
Die du zum Feste hier versammelt hast — — —

Scheik (schnell einfallend):

Nicht meine, sondern eure sind es doch!

Dritter Scheik:

Die unseren? Fällt ihnen gar nicht ein!

Vierter Scheik:

Wie kämen wir dazu, mit unsern Kriegern
Uns hier an euerm Turm herumzudrücken?!

Erster Scheik:

Wir wurden zur Beratung eingeladen.

Zweiter Scheik:

Für heut um Mitternacht.

Dritter Scheik:

Sonst weiter nichts!   707

Vierter Scheik:

Und morgen dann zum Fest.

Scheik (verläßt den Thron, weicht zur Seite, konsterniert):

708
                            Sonst ——— weiter ——— nichts!
Ich sandte später doch ein Eilkamel
Mit meinem besten Reiter — — —

Erster Scheik (ihn unterbrechend):

                    Wem zunächst?

Scheik:

An dich.

Erster Scheik:

            Er kam nicht an.

Scheik:

                        Er ——— kam ——— nicht ——— an?
                (außer sich)
Und sollte dann noch zu den andern Sieben — — — —

Zweiter Scheik (einfallend):

            Er kam auch da nicht an.

Dritter Scheik: ⎰

            ⎱ Er kam auch da nicht an.

Vierter Scheik: ⎰

            ⎱ Er kam auch da nicht an.

Scheik:

Allah — — — Allah — — — das ist — — — —

Erster Scheik (bewundernd):

                            Ein Meisterstück!

714

Zweiter Scheik:

>Jawohl, ein Meisterstück!

Dritter Scheik:

>Jawohl, ein Meisterstück!

Vierter Scheik:

>Jawohl, ein Meisterstück!   715

Scheik:

Von wem?

Erster Scheik:

>Von Mārah Dūrimēh.

Scheik (noch einmal, aber lauter, entsetzt):

>Von wem?

Zweiter Scheik:

Von Bēn Tesālah.

Scheik:

>Von dem „Sohn des Friedens",
Dem „Könige" im Schach der Gegnerin?

Dritter Scheik:

Von diesen Beiden, ja.

Scheik:

>Wieso, wieso?

Vierter Scheik:

Sie haben deinen Boten weggefangen
Und nun an unsrer Stelle euch umzingelt.   721

Erster Scheik:

    Ist das kein Meisterstück?

Zweiter Scheik:

    Ist das kein Meisterstück?

Dritter Scheik:

722   Ist das kein Meisterstück?

Babel (erschrocken):

    Wir sind umzingelt!

Imām:

    Wir sind umzingelt!

Kādi:

    Wir sind umzingelt!

Alle (durcheinander):

    Wir sind umzingelt!

Babel:

    Von unsern Feinden!

Imām:

    Von unsern Feinden!

Kādi:

    Von unsern Feinden!

Alle (durcheinander):

    Von unsern Feinden!

Scheik (beginnt, sich zu sich selbst zurückzufinden; sie überschreiend)

725   Seid still, ihr Memmen, still; ich glaub es nicht!

Denn wär es wahr, so hätte sich wohl nie   726
Auf Erden je ein solcher Narr gefunden,
Wie euer Scheik es ist — — —

Schefaka (ihn unterbrechend):

Der Schwarze kommt!   728

(Die vier Scheike setzen sich.)

———

Siebenzehnter Auftritt.

Die Vorigen. Der Neger.

Scheik:

729   Der Schwarze kommt, der Schwarze kommt, der Schwarze!
So heißt es immerfort, und wenn er kommt,
Ist das, was er mir bringt, mir widerwärtig!
(zu ihm)
Ich frage dich, ob das ein Ende nimmt!

Vorbeter:

Das Ende ist schon da.

Scheik:

Wie meinst du das?

Vorbeter:

Ich kann nicht mehr ins Lager.

Scheik:

Nicht? Warum?

Vorbeter:

Es ist besetzt.

Scheik:

Von wem?

Vorbeter:

735   Von den Kirām.

Sie zwangen mich, zu euch zurückzukehren
Und dich von Mārah Dūrimēh zu grüßen
Und auch von Bēn Tesālah, ihrem Scheik.
Erlaube, Herr, ich bleibe hier bei dir!
(ſetzt ſich in einen Winkel)

Babel (legt den Arm um den Scheik):

Mein armer Freund!

Imām:

Ich gehe!

Kādi:

Nimm mich mit!   740
(Kādi und Imām ſchleunigſt ab.)

———

Achtzehnter Auftritt.

Die Vorigen ohne den Imām und den Kādi.

Phantasie (den Beiden nachschauend, zum Scheik):

741   Herunter mit dem königlichen Gürtel!

Scheik (die Hände vor das Gesicht legend):

Auch diese gehen fort, auch diese — — — diese!

Hakawāti:

Die Geisterschmiede, Scheik, die Geisterschmiede!

Scheik der Todeskarawane (rezitierend):

„Da — — — jetzt, o Scheik, ergreifen dich die Zangen.
Man stößt dich in den Brand. Die Bälge knarren.
Die Lohe zuckt empor, zum Dach hinaus,
Und Alles, was du hast und was du bist,
Der Leib, der Geist, die Seele — — —"

Scheik (nimmt die Hände vom Gesicht, streckt sich stolz empor):

                        Still doch, still!

Ich werde überrascht von diesem Blitz,
Der aus dem klarsten Himmel niederfährt
Und mich   (zu den An'allāh)
           wie euch nicht vorbereitet trifft.

752   Ist es ein heißer, ist's ein kalter Strahl?

Das muß ich fragen, und das muß ich wiffen.

(schickt sich an, sich zu entfernen)

Ich gehe also, schleunigst nachzuschaun — — —

Babel (schnell einfallend):

Ich gehe mit!

Schĕfakā:

Ich auch! Ich geh voran!

(will es tun)

Scheik (sie festhaltend):

Nicht übereilt!

(mild)

Ich weiß, ihr seid mir treu;

(gebieterisch)

Doch gehe ich allein. Ich will es so!

(Scheik ab.)

————

Neunzehnter Auftritt.

Die Vorigen, ohne den Scheik.

Hâkawâti (besorgt):

758   Er geht in sein Verderben!

Phantasie:

Nein!

Scheik der Todeskarawane:

O nein!

Hâkawâti:

Was weißt denn du? Du bist doch hier ein Fremder!

Scheik der Todeskarawane:

Doch aber dich kenn ich genau.

Hâkawâti:

Wieso?

Scheik der Todeskarawane:

Ich hab von dir gehört.

Hâkawâti:

So sage, was?

Scheik der Todeskarawane (verläßt das Zelt, geht auf ihn zu)

762   Du hast einst einem Menschen weh getan!

Hâkawâti:

Mit Absicht keinem!

Scheik der Todeskarawane:

Aber doch!

Hakawāti:

O nein!

763

Scheik der Todeskarawane:

Du schnittest ihm ins Fleisch!

Hakawāti:

Das tat ich nie!

Scheik der Todeskarawane:

Besinne dich! Er war gestochen worden.
Von einem Wurm. Von einer Assalāh — — —

Hakawāti:

Von einer Wüstenschlange? Das ist wahr.
Ich schnitt ihm schnell die Wunde aus — — — am Fuß,
Und dieser Schnitt, der rettete sein Leben.

Scheik der Todeskarawane:

Wer war der Mann?

Hakawāti:

Es war ein Kind, kein Mann,
Der Knabe unsers Scheikes.

(draußen ertönt ein Schrei, von des Scheikes Stimme)

Schēfakā:

Hört ihr es?!

Vorbeter:

Mein Herr! Mein guter Herr! Ich helfe ihm! 772

(springt in seinem Winkel auf und eilt fort).

Zwanzigſter Auftritt.

Die Vorigen, ohne den Vorbeter.

Schēfakā:

778   Es droht Gefahr. Ich habe Angſt um ihn!

Babel:

Ich nicht. Er iſt ja Geiſt.

Hākawāti:

Du irrſt.

Babel:

Wieſo?

Phantaſie:

Nicht Einzelweſen, Drama iſt der Menſch,
Um Zeit und Ort mit Handlung zu beleben,
Und der es dichtet, wohnt nicht im Gehirn
Und nicht im Leib — — —

Babel (einfallend):

Du biſt die Phantaſie,
Die anders denkt als ich, der ſtreng Gelehrte.
Ich ſtreite nicht, doch höre, was ich ſage:
Wenn dieſer Geiſt — — — verſtehe wohl, er ſelbſt — — —
Mir öffentlich bekennt, er ſei nicht Geiſt,
So werf ich Alles, was ich ſchrieb, ins Feuer,
Doch eher nicht!

Phantaſie:

784   Ich halte dich beim Wort!

Erziehe Menschen! Mensch soll Jeder werden,
Doch aber Geist, das überlasse Gott!

(ein greller Feuerschein leuchtet auf. Er ist ein verabredetes Zeichen.
Zu gleicher Zeit erschallen Stimmen draußen)

Scheik der Todeskarawane (indem er nach dem Throne geht):

Jetzt wieder an das Schach!

Phantasie (laut):

Ich zwinge māt!

785

787

Einundzwanzigfter Auftritt.

Die Vorigen.

Der Scheik der Todeskarawane steht am Throne, den Arm auf deffen Lehne. Vier feiner Leute bringen den Scheik der An'allāh als Gefangenen. Sie find nur notdürftig gekleidet und vollständig unbewaffnet. Er ift gefeffelt und wird rechts und links je an einem Kamelstricke geführt, welcher am Arm befestigt ist. Hinter ihm der Schwarze, der aber nicht gebunden ift und fich fofort wieder in feinem Winkel niederhockt.

Scheik (in loderndem Grimme):

788   Da bringt man mich! Wie einen wilden Büffel!

Man rang mich nieder — — — Vierzig gegen Einen!

> (zerrt an den Feffeln. Zu den An'allāh, die zu ihm heranwollen, um ihm beizustehen)

Zurück mit euch! Es kann mir Keiner helfen,

Und ebenfo verloren feid auch ihr. — — —

Die Todeskarawane war nur Lift.

Die Kerle find verkleidete Kirām,

> (auf den Scheik der Todeskarawane deutend und vor ihm ausspuckend)

Und diefer da — — — der ift der „Sohn des Friedens".

> (man fieht, wie fehr die anwefenden An'allāh bei diefer unerwarteten Enthüllung erfchrecken)

Erfter Aeltefter:

    Der ift der „Sohn des Friedens"!

Zweiter Aeltefter { Der ift der „Sohn des Friedens"!

795 **Alle** (durcheinander): { Der ift der „Sohn des Friedens"!

(faſt alle Arme erheben ſich, um nach ihm zu zeigen. Schefaka geht
leiſe um ihn herum und betrachtet ihn mit weit geöffneten Augen,
ſagt aber nichts)

Scheik (zu Allen):

Ihr ſeid gefangen. Legt die Waffen nieder!

Die Feinde ſind wie Sand am Meere da.

Wir werden totgedrückt, wenn wir uns wehren.

     (man hört Waffengetöſe, das Heulen der An'allah und das Jauchzen
der Kirām)

Da hört ihr es! Das Lager iſt umringt

Und muß ſich ohne Strich und Streich ergeben!

Babel:

Wie iſt das möglich?

Scheik:

            Weil man uns belog!

Scheik der Todeskarawane:

Zu deinem Heil! Wir bringen euch den Frieden!

Scheik (hohnlachend, indem er mit den gefeſſelten Händen da hinaus deutet,
wo er ſoeben gefangen genommen wurde)

Mit einem Heer, das uns zertreten ſoll!

     (muſtert ihn vom Kopfe bis zum Fuße und fährt dann ſpöttiſch fort):

Du biſt wahrſcheinlich jener Edelmenſch,

Der nach dem Märchen hier am Turm erſcheint — — —

Hakawāti (fällt ſchnell ein und zitiert):

„Um mit der ſcharfen Klinge des Kismēt

Kitāl, den Kampf, den Drachen, zu beſiegen,

Den wahren Geiſt der Bibel zu befreien

Und ihn

         (nach dem Throne deutend)

auf dieſen deinen Thron zu ſetzen.

Scheik:

810 So also doch! Der erste Edelmensch!
Und ich, ich bin Kitāl, das Ungeheuer!
Wie du mich in der Tat bemeistert hast,
So mußt du mich auch bildlich überwinden.
Mit welcher Waffe?

Scheik der Todeskarawane:

Einzig durch die Liebe.
Zunächst muß ich dich zur Erkenntnis bringen,
Daß es mit dir zum raschen Ende geht.

Scheik (spöttisch):
Und dann?

Scheik der Todeskarawane:

Zur Einsicht deiner Niedertracht.

Scheik:
Und dann?

Scheik der Todeskarawane:

Zum Eingeständnis deiner Schuld.

Scheik:
Und dann?

Scheik der Todeskarawane:

Den „Geist der Bibel" freizugeben.

Scheik:
Und dann?

Scheik der Todeskarawane:

Und dann hast du dich selbst besiegt
821 Und bist es wert, nach Märdistān zu gehen.

Scheik (lachend):

So fange an, und schlage auf mich ein,
Mit deiner Liebe und mit deiner Güte.
Ich muß doch sehen, wie das enden wird!

(er läßt sich trotz seiner Fesseln auf den Thron nieder, so prätentiös
und herausfordernd wie möglich)

Scheik der Todeskarawane (so gleichmütig, als ob er das gar
nicht anders erwartet hätte)

Du willst beginnen? Wohl, es sei gewährt!

Scheik (befehlend):

Zunächst: daß es mit mir zum Ende geht!

Scheik der Todeskarawane:

So gebe ich dich frei.

(bindet ihn von den Stricken los, welche zu Boden gleiten. Auf
seinen Wink gehen die vier verkleideten Kirâm, welche den Scheik ge-
bracht haben, nach dem Zelte und stellen sich zu beiden Seiten, je zwei,
desselben auf, woraus hervorgeht, daß bestimmt worden ist, vor allen
Dingen den Eingang zum Turme zu besetzen)

Scheik (der es gar nicht für möglich gehalten hat, daß man einem Feinde,
wie er ist, die Fesseln abnehmen werde, im Tone der Betroffenheit):

Das ist die Liebe?

Da wird mir angst!

(zu den Ân'allâh)

Legt schnell die Waffen ab!

Denn folgt auf solche Barschheit solche Güte,
So steht es schlimm für uns!

(wieder leuchtet das Zeichen auf, ein greller Feuerschein; es fallen
draußen Schüsse)

Wer schießt!

Alle (durcheinander):

Wer schießt?

822

830

Scheik der Todeskarawane:

831   Die Schützen von Iskâr.

Scheik:

Die fehlen nie!

Phantalie:

Sie melden sich.

Scheik der Todeskarawane (zum Scheik):

Tu wirst sie sehn.

Schêfakâ (mit der Hand zeigend):

832   Sie kommen!

Zweiundzwanzigster Auftritt.

Die Vorigen.

Die An'allāh legen auf den nun zweimaligen Befehl ihres Scheikes alle Waffen, die sie bei sich haben, auf einen Haufen. Während sie das tun, kommen vier arabische Krieger, die mit Yatagans und langen Flinten bewaffnet sind; sie bringen den Kādi. Sie grüßen die Phantasie und den Scheik der Todeskarawane sehr ehrerbietig und geben auf einen Wink des Letzteren ihren Gefangenen frei. Dieser macht sich eiligst an seinen Platz; sie aber stellen sich bei ihren Kameraden von der Todeskarawane in ganz derselben Weise auf.

Scheik:

Das heilge Recht — — — — es stellt sich wieder ein!   833

(der Feuerschein leuchtet wieder auf. Man hört Schwerter zusammenklingen)

Scheik der Todeskarawane:

Das sind die Panzerreiter von Merād.

Scheik (aufhorchend):

Die Panzerreiter von Merād!

Alle (durcheinander): {

Die Panzerreiter von Merād!

Scheik:

Die kenne ich. Sie fechten wie die Teufel!   836

Dreiundzwanzigſter Auftritt.

Die Vorigen.

Vier Gepanzerte, mit langen Schwertern bewaffnet, bringen die Scheike
fünf bis acht. Sie grüßen die Phantaſie und den Scheik der Todes=
karawane ſehr ehrerbietig und geben auf einen Wink des Letzteren
ihre Gefangenen frei. Dieſe geſellen ſich eiligſt den andern vier
Scheiken bei; die Gepanzerten aber ſchreiten eiligſt nach dem Zelte
und ſtellen ſich dort, wie vorgeſchrieben, auf.

Scheik:

837   Die lieben Freunde — — — kehren treu zurück!

     (der Feuerſchein leuchtet abermals auf. Man hört Spieße und Schilde
zuſammenſchlagen)

Scheik der Todeskarawane:

Das ſind die Scharen von Abū Aſāl.

Scheik:

     Die Scharen von Abū Aſāl!

Alle (durcheinander):

     Die Scharen der Abū Aſāl!

Phantaſie:

Die Immerſiegenden!

Hakawāti:

     Die Himmelſtürmer!

Scheik (zornig auf ſich ſelbſt):

841   Und grad an dieſe hab ich nicht gedacht!

———————

Vierundzwanzigſter Auftritt.

Die Vorigen.

Vier Lanzenträger, mit leichten Spießen und runden Schilden bewaffnet, bringen den Imām. Sie grüßen die Phantaſie und den Scheik der Todeskarawane ſehr ehrerbietig und geben auf einen Wink des Letzteren ihren Gefangenen frei. Dieſer macht ſich eiligſt zum Kābi hin; ſie aber marſchieren nach dem Zelte und ſtellen ſich dort in der angegebenen Weiſe auf.

Scheik:

Der heilge Glaube — — — will uns nicht verlaſſen!　　842

(der Feuerſchein leuchtet nochmals auf. Man hört Hammerſchläge, doch aber ohne daß man ſagen kann, woher ſie klingen)

Scheik der Todeskarawane:

Das ſind die Geiſterſchmiede von Kulūb.

Scheik:

Die Geiſterſchmiede von Kulūb!

Alle (durcheinander):

Die Geiſterſchmiede von Kulūb!

Scheik:

Seit heute kenn ich ſie. Wen bringen ſie?

Scheik der Todeskarawane:

Sie holen Einen.

Scheik:

Wen?

Phantaſie:

Abū Kitāl!　　846

Fünfundzwanzigster Auftritt.

Die Vorigen.

Eine ungeheure Spannung hat die Anwesenden ergriffen. Alle Blicke und alle Bewegungen drängen nach dem Hintergrunde. Da kommen sie, vier Schmiede, möglichst herkulische Gestalten, mit Schurzfellen; in den Fäusten schwere Eisenhämmer; auf den Köpfen kurdische Zacken=mützen, wie ich sie in meinen Büchern oft beschrieben habe. Auch sie grüßen die Phantasie und den Scheik der Todeskarawane sehr ehr=erbietig; dann bleiben sie in einer Weise stehen, daß man ihnen deut=lich ansieht, sie wollen Jemand holen. Der Scheik ist bei der Nennung seines Namens erschrocken. Nun macht der Anblick dieser Gestalten einen solchen Eindruck auf ihn, daß er sich, als ob er eine Vision vor sich habe, langsam aufrichtet und, innerlich getrieben, den Bericht von der Geisterschmiede zu rezitieren beginnt. Hierbei haben die Hämmer leise zu erklingen, wie aus großer Höhe oder großer Tiefe, und nicht eher aufzuhören, als bis die Harfen einfallen.

Scheik:

847   Zu Mârdistân, im Walde von Kulûb,

        Liegt einsam, tief versteckt, die Geisterschmiede — — —

Babel (im bestimmten Tone, als Behauptung):

    Da schmieden Geister!

Die vier Schmiede (unisono, indem sie bei den beiden Wörtern „nein" und „sie" ihre Hämmer schwer auf den Boden stoßen)

           Nein, wir schmieden sie!

Scheik (fortfahrend):

    Der Sturm bringt sie geschleppt, um Mitternacht,

851   Wenn Wetter leuchten, Tränenfluten stürzen.

Der Haß wirft sich in grimmer Luft auf sie.
Der Neid schlägt tief ins Fleisch die Krallen ein — — — —

Phantaſie (einfallend)

Doch dieſes Mal iſt es wohl anders — — — anders.

> (indem ſie weiterſpricht, tritt ſie aus dem Zelte. Hierbei wird der Ueberwurf, der ihre Geſtalt verhüllt, von der Hand der Bibel feſtgehalten und hinter ihr herabgezogen. Nun ſieht man ſie als Mărah Dürimēh, im „Strahlenpanzer von Kriſtall", und ihre langen, weißen Zöpfe fallen nach vorn. Die in den letzten Auftritten erſchienenen Krieger, natürlich auch die Schmiede, verneigen ſich tief, und unwillkürlich ſenken auch die An'allāh und die übrigen Anweſenden ihre Häupter und heben die Hände, um ihr Ehrfurcht zu zollen. Es iſt ein heiliger, ein tief bedeut=ſamer Augenblick. Sie ſpricht weiter, ohne darauf zu achten, daß die bisherige Hülle nicht mehr vorhanden iſt)

Da ſteigt die Menſchheitsſeele ſelbſt hernieder
Und holt ſich den, der reif zum Schmerze iſt.

> (auf ihren Wink treten die Schmiede zu dem Scheik und ſtellen ſich, je zwei, zu beiden Seiten des Thrones auf. Indem ſie hierbei ihre Hämmer bröhnend aufſtoßen, halten die bisherigen Hammerklänge mit einem ſchwer betonten Schlage auf, und die Harfen fallen ein)

Scheik der Todeskarawane (freudig auf ſie zueilend):

Ich ahnte es. Ich wußte es ſogar!
Ich grüße dich, du aller Menſchen Seele!
> (ſinkt vor ihr nieder)

Scheik (knickt vor Entſetzen auf ſeinem Thron zuſammen):

So gehts mit mir zu Ende — — — allerdings!

Phantaſie (legt dem Scheik der Todeskarawane die Hände auf das Haupt)

Und ich, ich ſegne dich, den Sohn des Leides,
Der aber mir nur Glück, nur Freude bringt.
Gib dieſes Glück auch Andern — — —
> (rundum zeigend)
allen Andern,
Und frage nicht, ob ſie es würdig ſind!
> (hebt ihn zu ſich empor; die Harfen ſchweigen)

Scheik (noch immer entsetzt, zu Babel, auf die Phantasie deutend):

864   Sie ist die Menschheitsseele, wirklich, wirklich!

O Babel, Babel, wie belogst du mich!

Ein Narr war ich, an deinen „Geist" zu glauben,

Der alles Andre war, doch nur nicht Geist!

Babel (schwer und gebeugt):

Ich sage nicht, verzeihe mir, o Scheik,

Ich selbst, ich selbst kann mir ja nicht verzeihen.

> (zu den Andern, indem er die beiden Bücher nimmt und nach dem Feuer geht, um sie hineinzuwerfen)

Ihr wißt, was ich versprach — — —

Bibel (laut und gebieterisch):

Laß mich es tun,

Die ich noch mehr als du zu opfern habe!

> (sie wirft den Schleier, der ihr Gesicht und ihre ganze Gestalt umhüllt, von sich und kommt aus dem Zelte auf ihn zugeschritten, um ihm die Bücher aus der Hand zu nehmen. Man sieht sie nun, genau so gekleidet und geschmückt wie in den „heilgen Stunden" vergangener Zeit. Dieser Anblick wirkt wie ein Blitz auf Vater und Sohn, aber sehr verschieden. Während der Erstere laut aufschreit, besitzt der Andere mehr als Geist genug, sich einzufügen, obwohl er seine Erregung unmöglich ganz beherrschen kann, als die teuerste Gestalt seiner Jugenderinnerungen so plötzlich verkörpert vor ihm steht. Aber, obgleich er still ist, sieht man ihm doch deutlich an, wie glücklich er sich in diesem Augenblicke fühlt)

Scheik (vor Bestürzung fast brüllend):

Allāh — — —! Sie lebt — — —! Sie lebt noch — — —! Bēnt'ullāh — — —!

Imām (erschrocken):

Sie lebt noch, Bēnt'ūllāh!

Kādi (ebenso):

Sie lebt noch, Bēnt'ullāh!

Alle An'allāh (durcheinander):

873   Sie lebt noch, Bēnt'ullāh!

> (während der Imām und der Kādi sich am liebsten verstecken möchten, eilen die andern An'allāh, die sie noch kennen, auch die Aeltesten, herbei, um ihr Gewand zu berühren und den Saum, die Falten desselben zu küssen)

Bibel (wehrt sie freundlich ab):

Ihr kennt mich noch? Ihr seid mir noch ergeben?
Wie rührt mich das! Doch wartet, wartet noch!

(sie hat von Babel die beiden Bücher vom „Menschengeiste" und von
der „Menschenseele" bekommen und geht mit ihnen nach dem Feuer.
Da lassen sich die Harfen wieder hören. Je näher die Bibel dem Herde
kommt, desto höher flackern die Flammen und desto lauter tönen die
Harfen. Es ist, als ob das Feuer wisse, daß es diese beiden Arbeiten
Babels zu verschlingen habe. Als sie dort angekommen ist, spricht sie)

Hinweg ins Feuer mit dem irren „Geiste"!

(wirft das Buch hinein)

Hinweg, hinweg auch mit der falschen „Seele"!

(wirft auch dieses hinein. Als es geschehen ist, jubeln die Harfen
auf und sind dann wieder still)

Babel (klagend):

So bin ich nun vernichtet!

Phantasie:

O nein, o nein!
Du mußt die Erde aus der Höhe schauen,
Denn nur nach dort hinauf zeigt sie sich wahr.
Du gehst mit mir!

Schefaka (sofort begeistert zu ihrem Vater tretend):

Auch ich?

Phantasie:

Auch du.
(zur Bibel)

Doch weiter!

Bibel (zu Babel):

Du hast, o Babel, nicht allein geirrt;
Die Glut muß auch noch Anderes verzehren.

(während der folgenden Verse, die sie nicht nur zu Babel, sondern
für Alle spricht, wirft sie die Gegenstände, welche sie nennt, in das
Feuer und mit ihnen Alles, was sie über ihren ursprünglichen, weißen,
bescheidenen Anzug unten in dem Drachensaale angezogen hat. Hierbei
erklingen die Harfen wieder)

884 Ins Feuer mit dem Gold aus Babylon!
        (wirft)
Und mit den Steinen der Schamūramāt!
        (wirft)
Ins Feuer mit den Altupīrti=Ketten!
        (wirft)
Und mit den Perlen aus der Sündenflut!
        (wirft)
Wenn ich als Fākirā durchs Leben schreite,
Soll keine Spange mir am Fuß erklingen!
        (wirft)
Und bin ich müd, so such ich meine Ruhe
        (die Hände zum Himmel hebend)
Allein bei dir, o Herr, allein bei dir!

(die Anwesenden sind hiervon so tief ergriffen, daß auch sie die Hände heben und, wie betend, das Schlußwort wiederholen)

Phantasie:

Allein bei dir, o Herr!

Hakawāti:

Allein bei dir, o Herr!

Schēfakā:

Allein bei dir!

Alle (unisono):

Allein bei dir!

(während hierauf tiefe, heilge Stille herrscht, klingen die Harfen noch einige Takte weiter, und die Bibel geht vom Feuer bis hin zum Scheik, um sich zu seinen Füßen niederzusetzen. Noch ehe sie dies tun kann, kommen der Imām und der Kādi herbei zu ihr. Sie beugen sich vor ihr und drücken ihr Gewand an ihre Lippen)

Bibel:

893 Ich zürne nicht, denn wer von dem Erlöser,
So denkt und spricht, wie
        (zum Imām)

Der kann doch nicht mein Feind, mein Gegner sein!

(hiermit schweigen die Harfen. Der Imām und der Kābi kehren ent=
laftet an ihre Plätze zurück, und die Bibel läßt sich vor dem Scheike
nieder. Diefer kann das nicht faffen. Er traut feinen Augen kaum
und fragt in entfprechendem Tone)

Scheik (zur Bibel):

Du kommft zu mir — — — zu mir — — —?!

Bibel (zu ihm auffchauend):

Dir beizuftehn

In deines Lebens allerschwerfter Stunde.

Scheik (überwältigt):

Allāh, Allāh! Und die verftieß ich einft,
Um eitlen Ruhmes, eitler Ehre willen!
Welch eine Härte! Welche Niedertracht!
Wer kann mir das verzeihen?!

Bibel:

Gott und ich!

Scheik (wagt es, sich zu ihr niederzubeugen und ihr Haar zu küffen)

Ift das ein Märchen! Oder ift's ein Traum?

Hākawāti (freudig):

Das Märchen fiegt!

Babel (refigniert):

Der Traum wird uns zerftört!

Scheik der Todeskarawane:

Der schwere Traum vom „Geift des Abendlandes",
Der euch mit Hilfe dieser

(auf die Phantafie deutend)

„alten Hexe" 905

(lächelnd)

Den alten Babelturm entreißen will!

(zur Erklärung)

Der „Geist des Morgenlandes" ging nach West,
Das Menschentum der Liebe zu verbreiten.
Er schwang sich auf zum „Geist des Abendlandes",
Und nun er in die Heimat wiederkehrt,
Erscheint er fremd in seinem eignen Stamme
Und wird von euch verachtet und gehaßt.
Und doch und doch will ich nur euer Glück;
Denn, kam ich auch mit Tausenden zu euch,
Um dieses Glück euch Toren aufzuzwingen,
So sag ich doch: Behaltet euern Turm,
Behaltet euer Land, behaltet Alles;
Wir wollen nichts und nichts, als nur das Eine,
Was uns gehört — — —

Scheik (schnell einfallend):

Was euch gehört? Das wäre?

Phantasie:

Der „wahre Geist der Bibel", den Kitāl,
Des Kampfes Drache, mir noch vorenthält.

Scheik:

So holt ihn euch! Ich habe nichts dagegen.
Der Held, der ihn befreit,

(zum Scheik der Todeskarawane)

Der bist ja du.

Versuch es doch! Und wenn es dir gelingt,
So hast du mich, den Drachen, totgeschlagen!

Phantasie (zu den An'alläh, befehlend):

So sputet euch! Hinweg mit diesem Zelte!
Macht frei die Tür, und öffnet hoch das Tor!
Laßt in der Tiefe heilge Flammen leuchten,
Und sucht den wahren Schatz, den Geist — — — die Seele!

Bibel:

Und sucht den wahren Schatz

Hakawāti:

Und sucht den wahren Schatz!

Alle (durcheinander):

Und sucht den wahren Schatz!

Babel (im schwersten Tone):

Den Geist ——— die Seele!

Imām:

Den Geist ——— die Seele!

Kādi:

Den Geist ——— die Seele!

Alle (durcheinander):

Den Geist ——— die Seele!

(während dieser Wiederholungen beeilen sich die An'allāh, das Zelt hinwegzunehmen. Schefakā nimmt eine der brennenden Fackeln und steigt in den Turm, um ihn zu erleuchten. Sobald das Zelt beseitigt und der Eingang frei ist, strömt eine Fülle des Lichtes durch ihn auf die Szene heraus. Da ruft der Scheik, von dem Anblicke, den er nun vor sich hat, selbst überrascht)

Scheik:

Wie hell wird es da unten ——— zauberhell!
Und auch in meinem Innern will es tagen.

(über sich selbst überrascht)

Es ist kein Hohn, es ist kein Spott von mir,
Wann ich jetzt endlich, endlich eingestehe,
Daß ich Kitāl, Kitāl, der Drache, bin,
Der, wie das Märchen sagt,

(nach dem Turme deutend)

in diesem Turme

Den Geift der Bibel an die Kette legte.

Ihr Körper wohnt im alten Teftamente,

Das hier bei Babel auf dem Tifche liegt;

    (deutet zu Babel hin, der das Buch in die Höhe hält, um es zu
zeigen)

Ihr Geift, ihr wahrer Geift, der wohnt im neuen,

Und diefes habe ich damals verfteckt,

Weil Bĕnt'ullāh es über Alles liebte,

Obgleich es im Kurān verboten war.

Nur Einer außer mir hat es gefehen,

Daß ich es nahm und wo ich es verbarg,

Und diefer Eine — — —

Scheik der Todeskarawane (hat mit gefpanntefter Aufmerkfamkeit bis hierher zugehört; nun fällt er fchnell ein)

        Ift das Kind, dein Sohn,

Der unten in dem Saal des Drachen fpielte

Und grad an ihm emporgeklettert war,

Als du das Buch — — — den Band — — —

        (hält inne, finnt)

                Den muß ich fehen!

(geht zu Babel und betrachtet den Band des alten Teftamentes)

Babel:

Der Band, nach dem ihr fucht, war diefem gleich.

Scheik der Todeskarawane (fich erinnernd):

Ich — — — weiß es jetzt — — — ich weiß! Ich hole ihn!

    (eilt nach dem jetzt weit offenen Tore des Turmes, kehrt aber, von
feinen Gefühlen überwältigt, um und kniet vor der Bibel nieder)

Ich hole ihn — — — ich hole ihn — — — für dich — — —

Du meine Mutter — — — meine — — — meine Mutter!

    (fie halten fich für einige Augenblicke umfangen; dann verfchwindet
er fchnellen Schrittes in dem Turme. Die Aufregung der Anwefenden
ift durch diefe neue Entdeckung auf das höchfte geftiegen. Im Scheike
gärt es bis zur Erfchütterung. Er ftottert faft, als er jetzt die Bibel fragt)

Scheik:

Sag, Bēnt'ullāh — — — er ist — — — er ist — — —? 955

Bibel:

Dein Sohn!

Hakawāti (jubelnd):

Ich dachte es! Er fragte nach der Schlange!
Das Kind! Der junge Herr! Der Stammeserbe!

(die Andern jubeln mit, denn nun ist der glückliche Ausgang sicher,
und sogar die persönliche Niederlage des Scheikes bringt keine Schande,
da er nur dem eigenen Sohne unterlag)

Babel:

Das Kind, der junge Herr!

Erster Aeltester:

Das Kind, der junge Herr!

Alle (durcheinander):

Das Kind, der junge Herr!

Imām:

Der Stammeserbe!

Kadi:

Der Stammeserbe!

Zweiter Aeltester:

Der Stammeserbe!

Alle (durcheinander):

Der Stammeserbe!

(es erschallen die bekannten, begeisterten Interjektionen)

Scheik (in die Kniee brechend, nach Atem ringend):

„Der keinen Vater, keine Mutter hat — — —!
Er wurde, schmutzig wie ein Ungeziefer, 961

Im Dorngeſtrüpp der Wüſte aufgefunden — — —!
Ein Wechſelbalg — — — ein Bankert — — — ein Baſtard!"
(jetzt erklingen die Hämmer wieder)
Ihr hört, ihr hört — — — ſo hämmert es
(auffpringend und ſich an die Bruſt ſchlagend)
auch hier.

Ich muß nach Märdiſtān, muß nach Kulūb,
Um abzubüßen, meine Schuld zu ſühnen!

Phantaſie:

Und wenn ich dir verzeih?!

Scheik:
Das darfſt du nicht.
Du ſt ei g ſt mit uns, denn du biſt unſre Seele,
Und wenn wir ſinken, ſinkſt d u mit uns.
Wer ſinken will, der wimmere dich an!
Doch aber ich, ich bin Abū Kitāl.
Ich kämpfte mich bisher nur in die Tiefe;
Von heute an führt mich der Kampf empor — — —
Der Kampf mit mir — — — das Hämmern in der Schmiede — — —

Phantaſie:

Und euer Weltenreich?   Mit dir als Herrſcher?

Scheik (hebt die Hände empor und rezitiert ſeine eigenen Worte aus dem erſten Akte)

„Doch, bietet mir ein Reich wie Babylon
Und hier dagegen dieſe eure Größe,
So ſchwör ich euch, ich gehe und verzichte!"
(da hören die Hämmer mit einem letzten, kräftigen Nachdrucke auf, und die Harfen fallen ein. Sie ertönen bis zum Schluſſe immer fort. Zugleich erklingen aus der Tiefe des Turmes kraftvolle Schläge, und Scheſakā erſcheint, mit der Fackel in der Hand. Sie deutet in die Tiefe und ſpricht)

Scheſakā:

979 Er kletterte am Drachen hoch empor — — —

Scheik (einfallend):

In deſſen Rachen ich die Bibel ſteckte!

Schefakā (fortfahrend):

Und ſchlägt nun mit der Klinge des Kismēt
Den Kopf herab — — —

Scheik (impulſiert):
                    Da muß ich helfen! Helfen!
              (er eilt in den Turm)

Phantaſie:

Er ſelbſt will helfen!

Hakawāti:
                    Welch ein Gotteswunder!

Babel:

Er ſelbſt will helfen!

Imām:
        Er ſelbſt will helfen!

Kādi:
              Er ſelbſt will helfen!

Alle (durcheinander):
                    Er ſelbſt will helfen!

Erſter Aelteſter:
              Ein Gotteswunder!

Zweiter Aelteſter:
              Ein Gotteswunder!

Dritter Aelteſter:
                    Ein Gotteswunder!

Alle (durcheinander):
                    Ein Gotteswunder!

(man brängt nach dem Turme, doch so, daß Niemand dem Blicke des Zuschauers im Wege steht und daß sich ein der Situation entsprechendes, möglichst edles und imposantes Gruppenbild entwickelt, dessen Komposition dem Künstler der Regie überlassen bleibt. — Aus der Tiefe erschallen die Schläge und die Stimmen des Scheikes und seines Sohnes, bei immerwährendem Harfenklang, dessen Stärke nach den äußeren Umständen zu wechseln hat. Dann ein Krach. Es fiel ein schwerer Gegenstand)

Schēfakā (hinunterblickend):

986   Das war der Kopf!

Hākawāti:

Das war der Kopf!

Alle (durcheinander):

Das war der Kopf!

(noch eine kleine Weile, dann scheinen die Harfen sich in Bewegung zu setzen; sie kommen näher, kommen herauf)

Schēfakā:

Ich sehe sie! Sie bringen ihn getragen!

Imām:

Sie bringen ihn getragen!

Kādi:

Sie bringen ihn getragen!

Alle (durcheinander):

Sie bringen ihn getragen!

Schēfakā:

Sie kommen!

Stimme des Scheikes:

Ja, wir haben ihn!

Stimme des Scheikes der Todeskarawane:

989   Wir kommen

(Schefakā schreitet mit der Fackel aus dem Tore heraus, in dessen
Inneren Vater und Sohn erscheinen, den Kopf des Drachen tragend)

Scheik:

Es war Betrug, nur Ton, kein echter Stein.
Schaut her!
(sie schmettern den Kopf zur Erde, daß er in Stücke berstet)
Da liegt Kitāl, das Ungeheuer,
Und sie ist frei, die er im Rachen hatte!

Scheik der Todeskarawane (nimmt das Buch aus den Trümmern
des Kopfes und zeigt es hoch):

Die „Biblia des n e u e n Testamentes"!

Die Aeltesten der An'allāh (unisono):

Die Biblia!

Alle (unisono):
Des neuen Testamentes!

Scheik:

In deren Geist ich meine Schuld nun büße,
Die Schuld des Menschen der Gewaltsamkeit.
Ich will hinauf, hinauf nach Mārdistān.
(greift nach der Hand des Scheikes der Todeskarawane)
Der Vater muß sich seinen Sohn verdienen.
Hinauf, hinauf, zum Walde von Kulūb!

Die vier Schmiede (ihre Hämmer aufschlagend, unisono):

Da schmieden w i r !

Phantasie (mit erhobener Stimme):
Und Gott gibt G e i s t und S e g e n !
(Die Harfen jubeln, der Vorhang fällt.)

Nachbemerkung[1]

Karl Mays Ambitionen, mit seinen Werken nicht nur zu unterhalten, sondern auch Botschaften zu vermitteln, und auch der Versuch, dies in künstlerisch anspruchsvoller Form zu tun, lassen sich von Beginn seiner literarischen Produktion an nachweisen. Sein Antrieb dürften dabei der Wunsch nach Anerkennung und ein ihm eigener pädagogischer Impetus gewesen sein.

Doch lange Zeit musste für May der reine Broterwerb im Vordergrund stehen. Erst im Alter von fünfzig Jahren begann mit dem erfolgreichen Erscheinen der „gesammelten Reiseromane", bald in „gesammelte Reise-erzählungen" umbenannt, ein wirtschaftlicher Aufstieg, der ihm nicht nur den Erwerb eines eigenen Hauses und in den Jahren 1900/01 eine eineinhalbjährige Orientreise erlaubte, sondern der ihm auch im Hinblick auf sein Schreiben eine größere Unabhängigkeit verschaffte.

Bereits vor 1900 verließ May mit seinen Romanen „'Weihnacht'!" und „Am Jenseits" zunehmend das Muster seiner bisherigen Abenteuer-romane. Diese Entwicklung wurde durch die Orientreise verstärkt. „Et in terra pax", 1904 in erweiterter Form unter dem Titel „Und Friede auf Erden!" veröffentlicht, ist ein Plädoyer für eine anderen Kulturen gegen-über tolerante Haltung und für eine pazifistische Politik.

In einem Band „Himmelsgedanken"[2] befinden sich Gedichte und Aphorismen. Sein „eigentliches Werk" aber wollte May mit dem Drama „Babel und Bibel" – für das zunächst wohl der Titel „Abu Kital" vorgesehen war[3] – schaffen, in das er etwa zwei Jahre Zeit investierte, wobei er eine erste Fassung verwarf.[4] An der zweiten – später veröffent-lichten – Fassung arbeitete er von Januar bis zum 17. Juli 1906.[5]

---

[1] Für Hinweise bereits zur ersten Fassung dieser Nachbemerkung von 2004 bin ich Frank Werder, Geestland, und Wolfgang Hermesmeier, Berlin, zu Dank verpflichtet.

[2] *Himmelsgedanken. Gedichte von Karl May.* Friedrich Ernst Fehsenfeld, Freiburg o. J. [1900]. Ein Reprint dieser Ausgabe, mit einer Nachbemerkung herausgegeben von Ralf Schönbach, erschien 2005 und bezüglich der Nachbemerkung aktualisiert 2019 bei Books on Demand, Norderstedt.

[3] Max Finke: *Aus Karl Mays literarischem Nachlaß.* In: Karl-May-Jahrbuch 1920. Karl-May-Verlag, Radebeul 1919, (S. 53–88), S. 54.

[4] Brief an Sascha Schneider vom 13.01.1906. In: *Karl May: Briefwechsel mit Sascha Schneider. Mit Briefen Schneiders an Klara May u. a.* Herausgegeben von Hartmut Vollmer und Hans-Dieter Steinmetz. Karl-May-Verlag, Bamberg/Radebeul 2009 [= Karl May's Gesammelte Werke und Briefe Band 93], S. 197. May erklärt hier, er habe „soeben" alles bisher Geschriebene verworfen.

[5] vgl. ebd. sowie den Werkartikel im Karl-May-Handbuch: Martin Schenkel/ Bernhard Kosciusz-ko: *Das Drama Babel und Bibel.* In: Gert Ueding (Hrsg.): *Karl-May-Handbuch.* 2. erweiterte und bearbeitete Auflage, Verlag Königshausen & Neumann, Würzburg 2001, S. 473.

Dabei befand sich May in regem Austausch mit dem Maler Sascha Schneider und schrieb diesem, das Drama sei *„in erster Linie [...] für keinen Andern als nur für Sascha Schneider ganz allein geschrieben worden"*.[6] Die Resonanz auf das Stück[7] war insgesamt ernüchternd, und bis heute ist es in keinem Theater aufgeführt worden.[8] Auch Schneider stand dem Stück ratlos gegenüber: „Was soll ich dazu sagen? In Worten! Ich halte mich für gänzlich unfähig darüber zu urteilen. In literarischen Dingen bin ich so unbewandert, dass ich mir in dieser Hinsicht keine Kritik erlauben darf."[9] Gleichwohl äußerte er sich im gleichen Brief ablehnend zu „Babel und Bibel".

Wie wichtig May selbst sein Werk war, zeigt nicht zuletzt, dass er die Rezensionen[10] aufmerksam verfolgte und in einem nachgewiesenen Fall auch anonym dazu Stellung bezog.[11] Eine längere eigene Stellungnahme „Skizze zu Babel und Bibel" hat May Anfang Oktober 1906 verfasst, wohl für einen Redakteur der „Münchner Neuesten Nachrichten".[12]

May ließ von seinem Plan ab, weitere Dramen zu verfassen.[13] Statt dessen griff er Elemente aus „Babel und Bibel" in seinem Roman

---

[6] Undatierter Brief von May an Sascha Schneider vom März 1906. *Briefwechsel* a. a. O. S. 215. Schneider erhielt auch sofort nach Erscheinen eines der zahlreichen Rezensionsexemplare, die May persönlich verschickte, mit der Widmung: „Seinem Freunde Sascha Scheider [sic!], dem Ritter ohne Furcht und Tadel und Kämpfer für die wahre, ächte Kunst, vom Verfasser." Ebd. S. 230f. (mit Faksimile).

[7] Wolfgang Sämmer: *Karl Mays Drama „Babel und Bibel" in der zeitgenössischen Presse. Eine Dokumentation.* In: Jahrbuch der Karl-May-Gesellschaft 2010, Husum 2010, S. 137–183.

[8] Allerdings erlebte das Stück am 21. Juni 2005 seine Uraufführung im Schülertheater der Graf-Heinrich-Realschule in Hachenburg im Westerwald unter Leitung von Peter Wayand. Der Herausgeber hat diese erlebt und war sehr positiv von dem überrascht, was die Schüler leisteten und was aus dem Stück herauszuholen ist. Peter Wayand hat dann 2017 „Babel und Bibel" auch als Hörspiel herausgebracht, das im Internet angehört werden kann: https://www.youtube. com/watch?v=_9X6983nhKI und https://www.youtube.com/watch?v=xm8mNVZFnE4.

[9] Brief von Sascha Schneider an May vom 03.07.[recte: 09.]1906. *Briefwechsel* a. a. O. S. 232.

[10] Eine längere Rezension mit besonderem Interesse, da der Verfasser mit May persönlich bekannt war: Amand von Ozoróczy: *Karl Mays Erstling.* In: Augsburger Postzeitung Nr. 168 vom 28.07.1907, wieder abgedruckt u.a. in: Mitteilungen der Karl-May-Gesellschaft Nr. 21, S. 24–27. Im Internet einsehbar unter https://www.karl-may-gesellschaft.de/kmg/seklit/m-kmg/021/index.htm.

[11] Volker Griese: *Aus dem Blätterwald Würzburgs.* In: Mitteilungen der Karl-May-Gesellschaft Nr. 108 (1996), S. 49–56. Im Internet einsehbar unter https://www.karl-may-gesellschaft.de/kmg/seklit/m-kmg/108/index.htm.

[12] Karl May: *Skizze zu Babel und Bibel.* Zuerst in: Karl-May-Jahrbuch 1921, Karl-May-Verlag, Radebeul 1920, S. 41–80. Heute in: „Lichte Höhen [...]" a. a. O., S. 455–484. Es ist unklar, ob der Titel so von May stammt. Im Internet einsehbar unter: https://www.karl-may-gesellschaft.de/kmg/primlit/drama/babel/skizze-zu-babel-und-bibel.php.

[13] Welche Kränkung der totale Misserfolg für May bedeutete, zeigt folgende Passage aus seiner Autobiografie, in der er beklagt, dass ihm eine ganz andere Behandlung widerfahren sei als

„Ardistan und Dschinnistan" wieder auf. Zuvor hatte er einen Roman „Abu Kital der Scheik der An'allah" geplant und auch bereits angekündigt, den er jedoch nicht schrieb.

Die literarische Qualität aller Werke Mays ist umstritten. Größere Einigkeit besteht auf der einen Seite darin, dass er mit seinen Reise- und Jugenderzählungen als ein Erzähler in Erscheinung getreten ist, der die Leser in besonderer Weise in seinen Bann zieht. Auf der anderen Seite herrscht eine große Übereinstimmung darin, dass May als Lyriker versagt hat. Letztlich gilt dies auch für May als Dramatiker, lediglich die Bedeutung des Dramas für den Roman „Ardistan und Dschinnistan" wird hervorgehoben und einzelne Passagen, insbesondere die Beschreibung der „Geisterschmiede von Kulub", werden gelobt.

*

„Babel und Bibel" erschien erstmals im September 1906[14] im Verlag von Friedrich Ernst Fehsenfeld, dann erst wieder 1921 im Karl-May-Verlag in einem Band zusammen mit Mays Gedichtband „Himmelsgedanken". Diese Ausgabe erfuhr 1922 eine zweite Auflage.[15] Eine geplante Neukonzeption dieses Bandes als Band 49 der „Gesammelten Werke" unter dem Titel „Lichte Höhen" wurde vor Kriegsende nicht mehr fertig gestellt[16], sondern kam erst 1956 unter der Herausgeberschaft Roland Schmids zustande. Dabei wurde auch Mays Drama bearbeitet. 1998 brachten Lothar und Bernhard Schmid den Band neu heraus.[17] Der Text folgt nun wieder – behutsam modernisiert: das Dativ-e fehlt beispielsweise, während aber etwa das Relativpronomen „welcher"

---

anderen Schriftstellern: „Was bei Andern selbstverständlich ist, das ist bei mir entweder schlecht oder lächerlich, und was bei Andern als Grund der Entschuldigung, der Verzeihung gilt, das wird bei mir verschwiegen. Ich habe ein einziges Mal etwas künstlerisches schreiben wollen, mein ‚Babel und Bibel'. Was war die Folge? Es ist als ‚elendes Machwerk' bezeichnet und derart mit Spott und Hohn überschüttet worden, als ob es von einem Harlekin oder Affen verfaßt worden sei. Da weicht man zurück und wartet auf seine Zeit." *Mein Leben und Streben. Selbstbiographie von Karl May. Band I.* Friedrich Ernst Fehsenfeld, Freiburg o. J. [1910], S. 229.

[14] Vgl. Hainer Plaul: *Illustrierte Karl May Bibliographie.* Leipzig 1988, Nr. 404, S. 293.

[15] Vgl. Wolfgang Hermesmeier und Stefan Schmatz: *Entstehung und Ausbau der Gesammelten Werke. Eine Erfolgsgeschichte seit 110 Jahren.* In: Lothar und Bernhard Schmid (Hrsg.): *Der geschliffene Diamant. Die Gesammelten Werke Karl Mays.* Karl-May-Verlag, Bamberg/Radebeul 2003, S. 426f.

[16] Vgl. Wolfgang Hermesmeier und Stefan Schmatz: *Karl-May-Bibliografie 1913–1945.* Karl-May-Verlag, Bamberg/Radebeul 2000, S. 247f.

[17] Lothar und Bernhard Schmid (Hrsg.): *Lichte Höhen. Lyrik und Drama von Karl May.* Karl-May-Verlag, Bamberg/Radebeul 1998 [=Karl May's Gesammelte Werke Band 49].

belassen wurde, – eng dem der ersten Ausgabe. Die von May verworfene Erstfassung des Dramas wurde 2000 zusammen mit zeitgenössischen Stimmen in Band 81 der „Gesammelten Werke" dokumentiert.[18]

*

Bereits 1920 und 1921 beschäftigte sich Max Finke in den Karl-May-Jahrbüchern mit dem Drama, indem er Fragmente aus Karl Mays Nachlass vorstellte.[19] „60 Jahre Babel und Bibel" nahm Thomas Ostwald 1976 zum Anlass, Faksimiles aus der Handschrift der Erstfassung sowie drei zeitgenössische Rezensionen zu dokumentieren.[20]

Eine grundlegende Untersuchung zum Thema bleibt Bernhard Kosciuszkos Staatsarbeit, die in überarbeiteter Form 1978 als Sonderheft der Karl-May-Gesellschaft erschien.[21] Darauf fußend beschäftigte sich Martin Schenkel mit dem Stück als einem „aufklärerischen Drama des Mittelalters"[22]. Hermann Wohlgschaft hat einmal aus theologischer Sicht[23] und einmal im Hinblick auf die Grundlage[24] des damals aktuellen Bibel-Babel-Streites Untersuchungen angestellt. Zu diesem Thema existiert auch eine eigene Monografie, die allerdings speziell im Hinblick auf May versagt, da sie die Arbeiten der May-Forschung nicht

---

[18] Lothar und Bernhard Schmid (Hrsg.): *Abdahn Effendi. Reiseerzählungen und Texte aus dem Spätwerk von Karl May.* Karl-May-Verlag, Bamberg/Radebeul 2000 [=Karl May's Gesammelte Werke Band 81]. Die Einführung zu dem Material stammt von Christoph F. Lorenz.

[19] Max Finke: *Aus Karl Mays literarischem Nachlaß.* In: Karl-May-Jahrbuch 1920, Karl-May-Verlag, Radebeul 1919, S. 53–88 und Karl-May-Jahrbuch 1921, Karl-May-Verlag, Radebeul 1920, S. 16–40. Im Internet einsehbar unter https://www.karl-may-gesellschaft.de/index.php?seite=karl-may-jahrb-cher&sprache=de

[20] Thomas Ostwald: *60 Jahre Babel und Bibel – Karl Mays Drama noch immer unaufgeführt.* In: Graff-Anzeiger Nr. 10 (1976), S. 27–34.

[21] Bernhard Kosciuszko: *Karl Mays Drama „Babel und Bibel".* Sonderheft der Karl-May-Gesellschaft Nr. 10 (1978). Im Internet einsehbar unter https://www.karl-may-gesellschaft.de/kmg/seklit/sokmg/010/index.htm.

[22] Martin Schenkel: *„Babel und Bibel". Ein aufklärerisches Drama des Mittelalters.* In: Helmut Schmiedt (Hrsg.): *„Karl May".* Suhrkamp Verlag, Frankfurt a. M. 1983, S. 278–309.

[23] Hermann Wohlgschaft: *„Babel und Bibel". Ansätze zur „feministischen Theologie" im Erlösungsdrama Karl Mays.* In: Jahrbuch der Karl-May-Gesellschaft 1991, Hamburg 1991, S. 148–181. Im Internet einsehbar unter https://www.karl-may-gesellschaft.de/kmg/seklit/jbkmg/1991/148.htm.

[24] Ders.: *Der Einfluß des Assyriologen Friedrich Delitzsch auf Karl Mays „Babel und Bibel" und sein Spätwerk überhaupt.* In: Mitteilungen der Karl-May-Gesellschaft Nr. 89 (1991), S. 4–12. Im Internet einsehbar unter https://www.karl-may-gesellschaft.de/kmg/seklit/m-kmg/089/index.htm.

berücksichtigt. Sie ist jedoch für den historischen Hintergrund aufschlussreich.[25]

Jutta Laroche stellt das Stück als „Karl Mays größte Enttäuschung" vor und geht der Frage nach, wieso es nicht aufgeführt werde.[26] Dabei kommt sie zu dem Schluss, der Titel wirke wie ein Hinweis auf ein religiöses Lehrstück und schrecke daher ab. Ferner wecke der Autorname Karl May ganz andere Erwartungen und schließlich sei das Stück in einer Weise symbollastig, dass es sich dem Zuschauer zu wenig von selbst erschließe. Bernd Arlinghaus schildert aus der Sicht eines „normalen Karl-May-Lesers", inwiefern Inhalt und Aufbau des Dramas Ratlosigkeit hervorrufen würden.[27] Zuletzt hat sich Ulrich Scheinhammer-Schmid näher mit „Babel und Bibel" beschäftigt und überzeugend dargelegt, wieso es sich lohne, sich mit dem Werk zu beschäftigen, wenngleich auch er feststellen muss, dass es May missraten ist.[28]

*

Die folgenden drei Seiten aus dem Manuskript der Erstfassung zeigen einen Teil des sechsten Auftritts und illustrieren Mays Arbeit an seinem Werk.[29]

---

[25] Klaus Johanning: *Der Bibel-Babel-Streit. Eine forschungsgeschichtliche Studie* (=Europäische Hochschulschriften. Reihe XXIII: Theologie. Bd. 343). Verlag Peter Lang, Frankfurt a.M./Bern/New York/Paris 1980. Zur Beurteilung dieser Dissertation im Hinblick auf May siehe: Helmut Schmiedt: *Literaturbericht.* In: Jahrbuch der Karl-May-Gesellschaft 1991, Hamburg 1991, S. 367f. Im Internet einsehbar unter https://www.karl-may-gesellschaft.de/kmg/seklit/jbkmg/1991/364.htm.

[26] Jutta Laroche (Mitarbeit: Rolf Dernen): *Babel und Bibel. Karl Mays große Enttäuschung.* In: Karl May & Co. Nr. 92, Juni 2003, S. 44–47.

[27] Bernd Arlinghaus: *Eine seltsame Fantasia. Zwei kritische Fragen an Karl Mays „Babel und Bibel".* In: Karl-May-Haus-Information Nr. 21, Februar 2008, S. 46–51.

[28] Ulrich Scheinhammer-Schmid: *Puppenspiel und Menschheitsdrama. Ein Versuch über Karl Mays Drama „Babel und Bibel".* In: *„Ich? Ja, ich!" Wie Karl May sich erfunden hat. Vorträge eines Symposiums der Akademie für Weiterbildung Waldhof in Freiburg-Littenweiler in Kooperation mit dem Karl-May-Freundeskreis Freiburg am 21./22. Februar 2016.* Herausgegeben von Michael Rudloff, Karl Schäfer und Albrecht Götz von Olenhusen unter Mitwirkung von Joachim Biermann und Roland Birkle. Sonderheft der Karl-May-Gesellschaft Nr. 156/2016, S. 10–35.

[29] Erstveröffentlichung 1976, siehe Ostwald a. a. O. In dem Band „Abdahn Effendi" a. a. O. befindet sich dieser Text auf den Seiten 266–269. Dort sind vier weitere Manuskriptseiten faksimiliert (S. 247–250).

225.

Wo mache wir Frischer keinen München find,
Wo mache ich mich die Schmiede in Kalub

Schaik (spöttisch):
Du machst wohl dort?

Sakausati (sehr weit):
Und du? Du willst wohl hier?

trivial!

Schaik (eifrig):
Jawohl, jawohl! Ganz richtig! Ich will hin!
Schon übermorgen wird der Ritt beginnen,
Der große Ritt hinauf nach Mündisthau.

Sakausati:
So irre dich nur nicht!

Fantasia:

Der Schaik hat Recht.
Als Sieger wird er in den Sattel steigen,
Und als wir bald darauf an dem wieder heim.
Ich hoffe zu Allah, dass es geschehe!

Schaik (zu ihr):
Du machst mir Rätselhaft. Bald so, bald anders!

Fantasia:
Das Rätsel wird sich lösen.

Schaik:
Wann?

Fantasia:

Schon heut.

(zum Sakausati)
Ich bitte dich, erzähle, was du machst!

Sakausati:
Wenn du befiehlst, will ich es thun, doch nicht,
Denn dieses unbegreifliche Geschlecht

239

240.

Bezweifelt grad nur Allerliebsten das,
Was jeder Andre für natürlich hält.

Schick (zornhaft):

Da fange an! Ich werde dann mitstreiten,
Ob es ein Märchen oder Wahrheit ist.

probirt das Sein auch (Setzt sich auch den Alabaster. Fundatia
bleibt am Boden stehen. Vgl. d. F. fällt
abgewendet, wärmer ihrer Gesicht,
Schatten stützt den Sekundati, welcher
stehend erzählt.)

Sekundati:

Zu Mörtishen, im Walde am Bülüs,
Liegt einsam, tief versteckt, die Geisterschmiede.

Schick:

Der schmieden Geister?

~~Sekundati:~~

Nein, man schmiedet sie!
(sucht Rollen der Sarcumtören im
Thüren. Der Schick
drückt durch Gebärden aus, daß sie ihr
mitwohlig sind. Wendet sich vom
Thüren ab. Sobald er der Gebären
fort, tritt die Sibal heraus und
geht, von ihr unbemerkt, nach ihr
zu. Sie stellt sich hinter ihr. Von
jetzt an bemerkt man an ihrer
Wunsche, daß er hinter ihnen
her flüster steht.)

Sekundati:

Nein, man schmiedet sie!

246.

247.

Der Sturm bringt sie geschlagt, um Mitternacht,
Wenn Matthew läuten, Feuersflöschen stürzen.
Das Fass wirft sich in grimmer Lust auf sie,
Der Wind schlägt tief ins Fleisch die Krallen ein,
Die Frau schreiet und jammert am Herdloch;
Am Blocke steht der Schmerz, mit starrem Aug
Im nüchgen Gesicht, die Freud am Jammer.
Da --- jetzt, o Christ, ergreifen dich die Zangen.
Man stösst dich in den Brand, die Bälge knarren,
Die Lohe zückt empor, zum Dach hinauf,
Und Alles, was du hast und was du liebst,
Der Leib, das Haus, die Kirche, alle Truhen
Die Scheuern, Schwenne, Scheuer, Fleisch und Blut,
Gedanken und Gefühle, Alles, Alles
Wird dir verbrannt, gereinigt und gemordert
Sich in die weiße Glut --- ---

Christ:

Allah, Allah!

Fantasie:

Schrei nicht, o Christ; ich sage dir, schrei nicht!
Denn wer da schreit, ist dieser Qual nicht werth,
Wird weggeworfen, in den Brand und Plünder
Und muss davon wieder aufgesuchen werden.
Du aber willst zum Rest, zur Klinge wandern,
Die in der Sucht der Kunstklaben herstellt,
Sei also still!

Sokrates:

Man wirft dich aus dem Feuer
Man wirft dich aus dem Brubes --- Hält dich fest.
Es knallt und prasselt dir aus jeden Pore.

271